MOEURS

POLITIQUES

AU XIX⁰ SIÈCLE.

PAR ALEXIS DUMESNIL.

DEUXIÈME ÉDITION.

PARIS,

CHEZ AUDIN, LIBRAIRE,

QUAI DES AUGUSTINS, N⁰ 25.

ET CHEZ ARCHAMBAULT, ÉDITEUR, RUE DE L'ARBRE-SEC, N⁰ 43.

1830

MOEURS

POLITIQUES

AU XIXe SIÈCLE.

IMPRIMERIE DE E. DUVERGER,
Rue de Verneuil, n° 4.

C'est m'acquitter d'un devoir que
d'adresser aux journaux de sincères
remercîmens pour les éloges et pour
la bienveillante critique même, dont
ils ont daigné m'honorer. Je leur
rends à tous des actions de grâces,
j'en rends à chaque homme de lettres en particulier, qui, au milieu

de ses travaux importans , a bien
voulu me consacrer quelques momens
d'examen ; et certes il y a dans l'expression de ma reconnaissance autant de franchise et de vérité que je
puis en avoir mis dans mon livre.
Un seul journal a montré de l'a-
mertume , je dirais presque de la
récrimination : comme si c'eût été
personnellement lui faire injure que
de démasquer les faux prophètes d'une
perfectibilité indéfinie. Ce journal ,
que semble blesser d'ailleurs la vive
peinture de nos faiblesses et de notre
corruption politique, ne veut point
que nous ayons perdu de notre in-

fluence en Europe depuis le jour où le soleil d'Austerlitz se levait pour couronner les aigles victorieuses de la France. Peu recommandables sont à ses yeux l'éclat de nos armes et une gloire acquise par trente années de triomphes et de prodiges : de la science de l'*idéologie* sortira désormais tout notre lustre. Le temps présent, selon lui, ne le cède point aux fastes de l'empire; nous régnons sur l'Europe par la puissance de la pensée.

Et c'est ainsi qu'on se joue de la crédulité d'un peuple, et que l'intrigue exploite et met à contribution notre malheureuse vanité! Loin de nous toute espèce de courtisans, aussi bien les flatteurs du peuple que ceux des rois; ils n'ont qu'un même but et qu'un même dessein, et nous conduisent également par des chemins divers à notre ruine. Eh quoi! l'on oserait dire que nous dominons encore l'Europe *par la puissance de la pensée*, lorsque tout est maintenant chez nous reflet de l'étranger ou réminiscence des temps de barbarie; lorsque nous recevons de Rome nos doctrines religieuses et de l'Angleterre notre science politique; lorsque l'Allemagne à son tour nous impose sa littérature et sa philosophie, et lorsque enfin nous-mêmes, d'accord avec tous les vandales de la terre, nous brisons les statues de nos grands hommes pour élever en leur place Schiller ou Shakespeare. Le même journal reproche à mon livre *de ne pas présenter de conclusion*; à peu près comme si l'on accusait un peintre de n'avoir pas conclu au bas d'un portrait ou d'un tableau. Si les couleurs sont vraies, si la peinture est fidèle, le lecteur ne saura-t-il donc pas lui-même en tirer bonne conclusion? Voilà du reste en quels termes le journaliste termine poliment le compte rendu de mon ouvrage : « Rien ne

« fait plus souffrir, dit-il, que le lieu
« commun élevé à la mélancolie, et
« M. Dumesnil en est affligé. » Si
quelqu'un prend la peine de deviner
ce logogriphe, je le prie d'en faire
remettre le mot : *Hôtel de Gèvres*, au
bureau du *Globe*.

MOEURS POLITIQUES

AU XIXe SIÈCLE.

CHAPITRE I.

IDÉE GÉNÉRALE
DU TEMPS OU NOUS VIVONS.

Grandes leçons de l'histoire, sans utilité.

J'appartiens à une génération qui n'a point connu la douce paix du foyer domestique. Bercée au bruit du tonnerre, elle essaya ses premiers jeux sur des ruines et des débris sanglans. Je me le rappelle encore : les enseignes que je vis porter dans mon enfance étaient des têtes d'hommes et des entrailles palpitantes; et la foule qui les suivait en rugissant agitait par les airs des lambeaux de chair humaine et les vêtemens déchirés de ses victimes. Cette génération a grandi parmi les guerres civiles, en présence des supplices et des échafauds; elle a vu s'éteindre dans des flots de sang les traditions de ses pères, et se rompre pour ainsi dire la chaîne de la vie et l'ordre immuable des générations. Des vides immenses ont été ouverts dans les rangs de la société, la rage et le désespoir n'ont épargné personne, vainqueurs et vaincus sont ensemble descendus dans l'abîme; et nous maintenant, après tant de bruit et tant de prodigieux travaux, témoins ou acteurs, restes épars de l'autre siècle, nous achevons notre vie à l'ombre d'un pacte scellé entre les faibles et les timides sur la tombe des vaillans. Nous pourrions dire à ceux qui se font un mérite de leur oublieuse politique : « Oui, vous avez tout « oublié, même un million d'hommes « morts pour la liberté, et tout un peu- « ple de martyrs égorgés dans les champs « de la Vendée ! oui, vous avez tout ou- « blié, même les saintes lois de la justice « et la religion du serment ! Mais appre- « nez aussi que vous vivez dans un temps « où les statues ne font que paraître sur « leur piédestal, dans un temps où les « images des grands hommes, tour à tour « mutilées et détruites, n'impriment plus « que cette sorte de respect qu'on portait « jadis aux objets frappés par la foudre. » Les idoles, en effet, passent vite, les autels

sont promptement renversés, le siècle semble impatient de se venger. Eh bien ! que
justice donc soit faite, justice éclatante !
et que jusqu'au bout un implacable destin
poursuive la grandeur qui se joue de la
vérité, et frappe sans pitié toute gloire
que ne recommande point une solide
vertu. C'est pour l'homme de bien un sourire du ciel que la malédiction qui tombe
sur les puissans.

Je vois encore ces terribles mots ÉGALITÉ,
LIBERTÉ OU LA MORT, jetés comme au hasard
en tête de notre révolution, et partout
gravés en lettres de sang sur nos édifices
publics. On ne songeait alors qu'à des dignités éteintes, à des priviléges récemment
abolis; et cependant force nous est aujour-
d'hui de reconnaître que les transfuges de
la démocratie, qui plus tard reçurent la
mort comme princes ou comme rois,

avaient eux-mêmes sans le savoir porté leur propre sentence. VIVRE LIBRE OU MOURIR, s'écriaient-ils avec fureur! Or, en prenant cette généreuse devise où s'attachait une si grande résolution, n'avaient-ils pas fait un pacte et signé un dédit? Pourquoi donc les plaindre? la condition était ex-presse, l'engagement formel; il fallait bien que quelque puissance enfin leur tînt parole. Et c'est cette même puissance active et mystérieuse, toujours mêlée aux choses d'ici-bas, qui fait que pour la plupart des hommes la vie est un drame terrible.

Malheur aux nations qui ne savent point dompter par le frein puissant des mœurs publiques l'arbitraire volonté de ceux qu'elles élèvent au pouvoir. Tour à tour complices et victimes, il faut bien qu'elles passent par toutes les déceptions sociales qu'on leur veut imposer : par l'admiration des grands hommes, et par l'admiration plus funeste encore des grands mots et des grands principes. C'est ainsi que, dégoûtés de la vieille monarchie française, si nationale et si populaire, nous nous sommes laissés conduire au gouvernement *paternel* de Louis XIV, qui disait : *L'État, c'est moi;* puis au gouvernement *fraternel* de Robespierre, qui disait : *Sois mon frère ou je te tue;* puis au gouvernement *libéral* de Bonaparte, qui ne voyait, disait-il, la nation que *comme des grains de sable.* Rien ne saurait plus retenir dans sa chute un peuple qui s'éprend du fol amour des nouveautés : là sans cesse une opinion en remplace une autre, et chaque jour amène projets et conseils nouveaux. N'ai-je pas vu toute ma vie la France en construction? n'ai-je pas vu sur les ruines de la féodalité dresser des autels à la patrie, puis bâtir des arcs de triomphe, des monumens despotiques, et enfin de nouveaux palais pour une noblesse nouvelle? Ainsi, l'équerre et le marteau à la main, nous rendons nous-mêmes témoignage de l'incertitude de nos principes et de la vanité de nos sermens! Rarement un architecte en France a l'espoir d'achever son ouvrage; ce qu'un règne vient d'édifier, l'autre le détruit : tel a été jusqu'à présent le sort de toutes nos institutions.

Tant d'inconstance attesterait seule la caducité d'un peuple. Le dirai-je? hélas! déjà la gloire de nos armes a vieilli pour le temps présent; on se fait d'autres idées de grandeur et d'ambition, on court à d'autres fumées. L'âge des héros est passé pour nous, comme une simple mode ou comme un dernier trait de barbarie; la jeune France, puisqu'il faut l'appeler par

son nom, semble à peine se souvenir des
vieux soldats des Pyramides; de ces bron-
zes vivans de notre gloire qui trempèrent
la pointe de leur épée dans le sang de
vingt peuples ennemis. Ils errent parmi
nous, étrangers pour ainsi dire à leur siècle, comme les débris d'une race de géans
qui disparaîtrait sans laisser après elle de
postérité.

O malheureuse France! que sont devenus les vainqueurs de Fleurus et de Jem-
mapes, et les illustres rebelles de la Bre-
tagne, et tes nobles et valeureux enfans
de la Vendée? que sont devenus les héros
d'Austerlitz et de Wagram? Tous ensemble
sont aujourd'hui confondus dans la même
tombe, ou frappés d'une commune réprobation. Mais, pour te consoler, ne reste-t-il
pas encore ces hautes et puissantes gloires
de l'empire, ces vieux chefs de tes armées;

ces superbes sénateurs, et ces conseillers du trône si renommés? Je t'entends, ô ma patrie, rien désormais ne manque à ton désastre. Dans le cours sanglant d'une longue révolution il est quelquefois permis de haïr les hommes; mais, pour les mépriser sans retour, il faut avoir vu une restauration.

Décrépitude de la nation française.

J'écris pour me rendre compte du temps où j'ai vécu, pour me bien persuader à moi-même que je ne suis point de mon siècle, et peut-être aussi dans le secret espoir qu'on ne nous lira pas un jour sans nous plaindre. Mais, je le dis avec sincérité, je ne porte point dans mes écrits la folle prétention de ceux qui veulent réformer les mœurs; bien convaincu que je suis, qu'il n'est ni traité de morale, ni excellent sermon qui puissent redresser un esprit de travers ou corriger de lâches inclinations. Si c'est

de la philosophie que d'instruire les
hommes, ce n'est pas à coup sûr le signe d'une moindre sagesse que de les
abandonner à leur perversité naturelle.
Il n'est sans doute pas impossible d'en-
flammer du noble amour de la vertu le
cœur de l'homme sauvage, vierge encore
de toutes les souillures de notre éducation sociale; mais le moyen d'émouvoir
des hommes qui se jouent de leurs propres sentimens, des hommes parés du
faux lustre de la civilisation, comme ces
cailloux de la mer que le frottement a
rendus luisans et polis au dehors? Qu'espérer après tout d'une civilisation qui n'a
su créer que des bouffons politiques, et
qui dresse des tréteaux pour tous les
charlatans? N'est-elle pas la mère féconde
de la fraude et de l'imposture, et de
toutes ces vanités sociales qu'elle nourrit

dans des palais et promène dans de magnifiques équipages?

Je ne crois point au peuple français
tel que le représente une hypocrite adulation, couronné de fleurs comme aux
jours de sa jeunesse et marchant dans sa
force et dans sa liberté. Dépouillez-le de
sa robe de fête, et, sous cette pompe
du cercueil, vous verrez ses membres
décharnés porter encore la marque des
fers, et se couvrir des taches livides de
la pourriture; vous lui découvrirez enfin
au cœur une plaie profonde, qui chaque
jour s'étend et fait de rapides progrès.
Je n'ignore point les pompeuses expressions dont le siècle décore sa vanité. A
l'entendre, nous ne voyons autour de
nous que des chefs-d'œuvre et des prodiges, nous sommes éblouis de l'éclat
des lumières, tout grandit, tout se per-

fectionne. Oui bien ce qui est parjure et trahison, oui la science des déceptions et les dextérités du crime! mais où est la vertu qui prospère? où sont les doctrines et les opinions qui n'aboutissent pas toutes à des honneurs ou à des emplois? N'est-ce pas cette indigne prostitution qui fait que, depuis quarante années de querelles et de sanglans débats, nous n'avons rien établi, rien terminé? parce que la justice, qui ne se trouvait dans aucun des partis, les a tous laissés l'un après l'autre se détruire avec leur propre ouvrage. Ainsi les philosophes ont tué la philosophie, les royalistes la royauté, et les révolutionnaires la liberté et l'égalité. Et ne sont-ce pas encore les prêtres et les dévots, au moment où je parle, qui assassinent à leur tour et l'autel et la religion? Toujours à une hypocrisie succède une autre hypocrisie : après les clubs, les congrégations; après les jacobins, les jésuites. Nés de la corruption, les enfans d'Ignace se sont mis au corps social comme les vers se mettent à un cadavre; non qu'ils soient les plus forts, mais parce qu'il ne se trouve pas un pied vivant pour les écraser. Chacun sent sa misère, se cache, et se tait. Imposture libérale! imposture monarchique! imposture religieuse! nous sommes de toutes parts cernés par l'imposture et l'hypocrisie. Un effroyable serpent, se déployant à longs replis, agite autour de nous ses hideux anneaux et resserre chaque jour le cercle où nous devons périr.

Et puis prenez confiance en un tel siècle, laissez-vous bercer à ses douces et magiques paroles! croyez surtout au

perfectionnement de la société, à cette
haute et merveilleuse régénération qui
va nous faire tous grands citoyens et
grands philosophes. Oh! que, pour leur
propre compte, ceux-là qui nous annon-
cent de pareils prodiges se garderaient
bien d'y ajouter foi! Ils ont trop d'expérience pour se livrer à leurs complaisantes
admirations. C'est chose convenue de vanter le siècle et de se défier de tout le monde,
même de son propre frère. Cela ne m'é-
tonne point. Voilà comme devait agir un
peuple qui n'a plus que des mépris pour
l'antique sagesse de ses pères, qui sourit
de pitié à leurs gothiques vertus, et prétend à une autre justice et à une autre
vérité. Ce peuple a perdu la règle de ses
devoirs, et il perd ensuite toute confiance
en lui-même. Tenez aujourd'hui pour véritables les plus belles professions de foi,

croyez à la sublime morale des intérêts, aux rares vertus de nos modernes philantropes, et je ne vous donne pas une semaine à vivre. Comme toutes les vieilles nations, le peuple français tourne maintenant à l'avarice, et fait table rase de toutes les pensées généreuses pour n'obéir plus qu'aux funestes préoccupations d'un esprit sordide. Il renferme dans les bornes étroites du monopole et de l'industrie toute la *perfectibilité* du siècle, et tout ce grand mouvement de civilisation, se figurant apparemment que la fin de l'homme est de remuer de l'or et d'amasser des richesses. Ce sera là désormais son patriotisme, son honneur, sa vertu; et la vie sociale de ce peuple, attaquée dans sa source même par le scepticisme, s'éteindra au milieu d'une coupable indifférence pour tout ce qui n'est pas le *positif*, ainsi qu'on appelle les réalités de la fortune.

Faut-il encore s'étonner de l'empreinte de tristesse qui domine si souvent les compositions de notre époque, et de ces noirs pressentimens qui assiègent la philosophie même? Chaque chose vient en son temps, la gaîté aux jours de la jeunesse, et la mélancolie sur le déclin de l'âge. Maintenant nous mettons en ordre le passé, nous publions nos fastes, nous redigeons nos mémoires; c'est par-là que finissent tous les peuples. Que la France fasse donc tout ce que fait la vieillesse, qu'elle fasse même au besoin son testament; pour elle le charme des douces émotions est détruit, et les jours de son heureuse insouciance ne reviendront plus. Battus par de longs orages, nous aimons à redire nos douleurs, à nous entourer de nos regrets et de nos chagrins : Ainsi l'oiseau de mer, après la tempête, tristement immobile sur le rivage, jette encore des cris plaintifs et laisse échapper de sourds gémissemens.

Symptômes de Mort.

Je veux montrer à une nation dont la folie est de se croire jeune encore des marques certaines de sa caducité; non-seulement dans son avarice, mais dans cette ingratitude et ce froid égoïsme, qui sont des rides ineffaçables au front d'un peuple. Je veux surtout qu'elle juge de la perte anticipée de son goût, jadis si pur, et de sa sensibilité si exquise, par ce besoin d'émotions violentes qui lui fait avidement rechercher des peintures de sang et des images de supplices. Le corps social, languissant et débile, n'offre plus

dans chacun de ses membres que les
sombres dégoûts et les horribles fantaisies
d'une imagination dépravée. Partout rè-
gnent je ne sais quel malaise et quels
sentimens pénibles qui rendent la vie
insupportable. Ici de fréquens suicides,
tels que l'Angleterre elle-même s'en étonne;
là des crimes bizarres, inouïs, dont l'audace et la férocité décèlent une monoma-
nie furieuse. Tout est parmi nous vertige
et fièvre, et fièvre de mort. Et, s'il me plaît
d'aller plus loin encore, et de descendre
fouiller dans ces immondes cloaques où
viennent aboutir toutes les splendeurs de
l'ordre social et tous les prodiges de la
perfectibilité humaine, je me demande,
avec le savant Alibert [1], si tant de maladies honteuses et tant d'éruptions cruelles,

______

(1) Précis théorique et pratique sur les Maladies de la peau.

qui affligent aujourd'hui la société, ne sont pas le funeste résultat des progrès de notre civilisation ? Car enfin il est bon de savoir que la plupart des maux physiques ont une cause morale, et que la lèpre même, qui souille le corps de l'homme, sort toute dévorante de l'ulcère qui ronge et flétrit son âme.

Donnons surtout à notre vanité la première place entre les principes de désordre et de destruction qui travaillent maintenant la société. Que de progrès le mal n'a-t-il pas faits depuis ce temps où l'on reprochait à nos pères d'être fiers et légers ! Que d'imprudences, que de folies sur nos vieux jours, comme si nous ne devions mourir que d'inconstance et de vanité ! Certes, il écrivait encore sous l'influence de son pays natal ce grand philosophe [1]

____

(1) Montesquieu, Esprit des Lois, livre xix, chap. ix.

qui, pour caresser nos chimères et nos faiblesses, osa donner, comme ressort politique, la préférence à la vanité sur l'orgueil. C'est avec l'orgueil, à défaut de vertu, que l'on fait les grandes choses, tandis que la vanité se consume, au contraire, à la recherche des plus vils intérêts de l'amour-propre, et songe à l'homme d'abord avant de songer à l'État. Il lui faut des honneurs, des emplois, des privilèges, à quelque prix qu'on les vende et quel que soit le pouvoir qui les distribue, ou légitime ou tyrannique. La vanité a dépassé en France toutes les bornes du moi humain; elle s'est jouée de toutes les opinions, de tous les partis; elle a, si je puis ainsi parler, prodigué le sarcasme aux principes et aux institutions. Nous ne nous doutions guère, par exemple, que l'on semât des nobles en quatre-vingt-treize,

et pourtant voyez comme ils ont levé dru
sous l'empire et à la restauration. Combien hélas! sont en arrière de nous ces
petites prétentions de la vieille monarchie, frappées de ridicule par Dancour!
Le cadre de ses pièces ne suffirait plus à
mettre en scène nos sottises et nos folies;
c'est la France entière qui se charge aujourd'hui de donner une représentation
des *Bourgeoises de qualité.* Cette révolution qui devait faire tout un peuple de
roturiers, nous aura bientôt fait tous, au
contraire, nobles et grands seigneurs :
voilà comme nous entendons en France
l'égalité. Et la chose est d'autant meilleure
actuellement, que l'on peut sans déroger
à noblesse se mêler aux affaires de bourse
et d'industrie, envahir les charges admi-
nistratives et financières, percevoir les de-
niers publics, tenir des entrepôts, et ven-

dre au débit poudre et tabac. Or, il n'est
plus, vous le sentez, ni règles ni frein
salutaire que se puisse opposer à elle-
même la vanité ; elle a perdu jusqu'au
souvenir de ces antiques préjugés, qui
du moins la forçaient à garder certaines
apparences de désintéressement. Elle court
tout ensemble à la fortune et aux honneurs ; elle poursuit les plus vils emplois
et les plus hautes dignités ; elle s'engraisse
de la substance du peuple et se pare des
distinctions qu'elle a dérobées au courage
et à la fidélité. Nous ne rougissons de rien
maintenant, toute pudeur est bannie de
nos mœurs, le désordre et l'anarchie sont
au comble. Et voilà ce que la France
appelle ses droits et ses priviléges ! C'est-
à-dire qu'il existe pour tous égalité de
honte et franchises de bassesse.

Le mal en France date de loin.

Nous périssons d'une maladie dont la France avait depuis long-temps contracté les germes funestes, et qui n'est, après tout, que le développement et la dernière conséquence de ces mêmes vices qui, dès le principe, contribuèrent à former notre caractère national. Il ne faut pas faire de la révolution notre bouc émissaire pour la charger ensuite de toutes nos iniquités : elle a hâté les progrès du mal, elle a mis au jour toutes nos misères, mais elle en est l'occasion tout au plus, et non la cause première. Bons, elle nous eût peut-être faits meilleurs; mauvais, elle nous a faits pires encore que nous n'étions : voilà tout le secret.

Chaque peuple en naissant apporte un vice originel, qui tôt ou tard doit amener la dissolution du corps politique et le mettre enfin au tombeau. Notre vice organique à nous, notre vice radical, c'est la vanité. Maintenant que le mal est parvenu à son dernier période, il en résulte qu'aucune forme sociale ne peut plus s'établir en France, de même qu'aucun amour-propre ne saurait plus y être satisfait. Il faut bien là - dessus prendre son parti : tout porte en soi le germe de sa destruction, les nations comme les individus. Notre vanité depuis long-temps était irrémédiable, elle avait fait surtout d'immenses progrès au siècle de Louis XIV,

où La Bruyère disait[1] : « Il faut en France
« beaucoup de fermeté et une grande éten-
« due d'esprit pour se passer des charges
« et des emplois, et consentir ainsi à de-
« meurer chez soi, et à ne rien faire. »
De-là vient que nous avons trouvé la véritable dignité de l'homme méconnue, et
la bassesse et la servitude mises au nombre des vertus monarchiques. Et pouvait-il
en être autrement dans un état où les
hautes charges de la couronne prirent
toujours un caractère de domesticité? où,
parmi les plus grands seigneurs, c'était à
qui se mettrait au niveau des valets? Bonne
éducation vraiment que celle qu'on reçoit
dans les anti-chambres, et qui nous apprend d'abord à ériger en vertus les vices
et les scandales du maître! Galans avec

______

(1) Chapitre ii. Du mérite personnel.

Louis XIV jeune, bigots avec Louis XIV vieux, débauchés sous la régence et sous Louis XV, ce fut encore le même esprit de domesticité qui fit boire aux Français du sang avec Robespierre, et qui les conduisit à une gloire ruineuse sous Bonaparte. Et toujours notre vanité nous a fait prendre exemple sur les folies et les déportemens du pouvoir souverain! N'avez-vous jamais ouï parler de ces flatteurs de Denys, qui allaient se heurtant les uns les autres et renversant des plats sur la table, pour prouver qu'ils n'avaient pas meilleure vue que leur maître? ou encore de ceux de Mithridate, qui, parce que ce prince avait la manie de la médecine, se faisaient à tout instant inciser par lui les bras et les jambes? Eh bien! nous avons fait mieux que tout cela! Tantôt cyniques, tantôt fastueux et superbes, nous nous sommes vêtus de haillons sous là république et d'oripeaux sous l'empire ; et puis, de *sans-culottes* que nous étions pour plaire à Marat, nous voilà tous à présent devenus escamoteurs de particules et voleurs de titres sous un prince de vieille dynastie. Allons! courage, peuple de barons et de chevaliers, peuple d'altesses *libérales*, tour à tour feudataire du bonnet rouge ou du sceptre de saint Louis! Est-il quelque bassesse devant laquelle puisse reculer votre vanité? oh! que non! la gangrène ne s'arrête pas si près du cœur.

CHAPITRE II.

LA NOBLESSE MONARCHIQUE SOUS L'EMPIRE.

———◦———

Résurrection de l'ancienne Noblesse.

JE suppose que quelque prophète de
malheur, prédisant au milieu de nous le
trépas funeste de Louis XVI, eût ajouté :
« Une partie de sa cour le suivra au sup-

« plice, le reste sera proscrit, massacré,
« réduit à mendier son pain sur une terre
« étrangère; il suffira de la seule appa-
« rence d'un écusson pour exciter la fu-
« reur du peuple; vous verrez les châteaux
« démolis, et les terres seigneuriales ven-
« dues à l'encan : » à ces mots terribles,
quel homme de bon sens, je le demande,
n'aurait dû croire que c'en était fait désormais en France de la noblesse, de ses
titres et de ses distinctions? Et cependant,
en peu de jours, cette noblesse abolie est
redevenue riche et florissante et superbe,
et ses plus mortels ennemis ont eux-
mêmes brigué l'honneur de ses alliances.
C'est que là où règne la vanité, l'aristocratie ne s'éteindra jamais; elle se réta-
blirait plutôt au bénéfice de ses propres
bourreaux.

Aussi Napoléon, lorsqu'il méditait son

brillant despotisme, commença-t-il d'abord
par rechercher l'appui de l'ancienne noblesse. Il rappela des pays étrangers le pa-
tricien fugitif, il pourvut à la sûreté de
celui qui s'était caché dans d'obscures retraites; ses graces et ses faveurs allèrent
jusqu'au fond des provinces guérir les bles-
sures d'un corps naguère si puissant. Les
nobles, à la vérité, tant qu'il conserva la
robe de consul, ne firent entendre, en
échange de ses bienfaits, que des plaintes
et d'amers reproches. Mais il les attendait
au pied du trône que son ambition allait
relever sur les ruines de la liberté; et ce
fut là, le sceptre en main, qu'il fit un
nouveau pacte avec les anciens courtisans,
qui déjà revendiquaient pour eux les premières dignités de l'empire. On vit alors
un homme dont le bras puissant avait en-
chaîné tous les souverains de l'Europe,

dédaignant sa propre gloire, s'attacher volontairement au vieux joug aristocratique, et, dans ce même palais où il dictait des lois au monde, faire une étude sérieuse des puériles leçons de l'étiquette. Lui qui marchait avec un si noble orgueil au milieu de ses armées, lui qui tant de fois avait reposé sa tête victorieuse sur le bivac des champs de bataille, il apprenait maintenant de quelque ancien duc et pair les règles d'un baisemain ou d'un lever, et se mettait dans son salon à faire des répétitions de grandeur et de majesté.

De ce moment l'ancienne noblesse reconquit une grande partie de son influence; et, rivale souvent préférée, on la vit disputer à la nouvelle tous les honneurs et toutes les charges de l'état. Napoléon ne prit pas la peine de relever tous ceux qui se prosternaient, mais il

permit que les hommes de l'ancienne cour,
et ce qu'on appelait autrefois les grands
seigneurs, vinssent reprendre leurs places
héréditaires dans les antichambres et aux
mansardes du palais. Ils avaient mission
tacite de dégrossir la nouvelle cour, et de
façonner aux belles manières nos vieux soldats titrés; sans qu'il soit venu toutefois à
ces pédagogues de noble race le désir d'ac-
compagner leurs belliqueux disciples sur les
champs de bataille.

A quelles conditions la noblesse monarchique

rentre en faveur.

L'éclat féodal dont avait si long-temps brillé la cour des Rois de France séduisit l'âme ambitieuse du jeune chef de l'empire, et sans doute la vanité n'eut pas moins de part que la politique aux caresses qu'il prodigua à la vieille aristocratie. Non-seulement il ne voulait point laisser dans l'ombre s'agiter d'hostiles grandeurs, mais son orgueil se plaisait encore à approcher de sa personne les héritiers des grands noms monarchiques pour leur donner des ordres et les obliger, pour ainsi dire, à respirer l'air de sa puissance. Quelques-uns osèrent, il est vrai, se plaindre à demi-voix qu'on leur faisait violence, mais ceux-là mêmes se seraient bien gardé de refuser tout haut une grâce qu'ils avaient dans le secret sollicitée avec tant d'ardeur. Et l'on comprendra d'autant mieux tous les efforts que dut faire la noblesse pour embrasser les marches du trône, que les dignités et les offices que distribuait l'empereur équivalaient alors à des brevets de haute et antique illustration. C'était à qui vanterait et ses quartiers et son origine, et il n'y eut point assez de places pour toutes les familles qui prétendaient avoir porté haubert et donné des chevaliers à Malte.

Mais à la cour, comme à la ville, les plus beaux présens se paient toujours, et si l'on ne ruine sa bourse on peut ruiner sa conscience. Ici le prince, en retour de ses bienfaits, commandait des sacrifices, exigeait des marques certaines de zèle et de dévouement; pour me servir enfin de l'expression du temps, *il fallait donner des gages.* Une condition formelle était d'abandonner ouvertement la maison de Bourbon, de parler avec mépris de ses princes, et d'exagérer surtout le besoin d'une nouvelle dynastie. Ces discours tenus par la noblesse en acquéraient plus de force et plus d'autorité, particulièrement dans la bouche de ces vieux courtisans, qui semblaient tout exprès avoir quitté Coblentz ou Mittau pour renier leurs maîtres. Il ne leur en coûtait guère, je le conçois, de persiffler la révolution, et de célébrer les charmes et les douceurs de la monarchie absolue; aussi était-ce pour eux un texte banal qu'ils avaient l'ordre d'étendre et d'amplifier sans cesse. Peu à peu on livra la République à leurs amères dérisions, mais

à condition qu'ils se donneraient tout en-
tiers au pouvoir nouveau. Or cet engagement, que prennent seuls des esclaves, ne
tourna pas toujours à l'honneur de l'ancienne aristocratie. Comme elle appor-
tait un zèle sans bornes, il se rencontra
dans son sein des hommes qui ne recu-
lèrent devant aucun sacrifice, devant aucune sorte de dévoûment. Voulez-vous
savoir d'où, pour la plupart, sont partis
ces coups inattendus qui vinrent mysté-
rieusement frapper au cœur quelque serviteur fidèle de la monarchie, et qui
dans d'autres occasions visèrent à plus
haut encore? demandez-en des nouvelles
à cette marquise, à cette comtesse de
l'ancien régime, à laquelle on donnait
mille écus par mois pour soutenir l'é-
clat de son rang. Portez vos regards
vers de plus grands personnages encore,

adressez-vous à certain duc, à certain prince, et, sur ce point, j'en connais plus d'un qui pourront vous donner bons et sûrs renseignemens. La roture de la révolution se montra plus difficile en de pareils services; ses préjugés bourgeois lui rendaient toujours suspecte la trahison. Elle avait mis tout ouvertement la main au sang; les courtisans ne l'y mettent point de la même manière.

L'ancienne noblesse à la cour de Bonaparte.

Quelques vieilles douairières du faubourg Saint-Germain, quelques vieux baillis ou commandeurs résistaient encore, il est vrai, à ce que l'on appelait *la fusion*; mais les fils ou les neveux avaient à petit bruit passé la Seine, et se trouvaient assez bien pourvus déjà de places et de cordons. Les désertions se succédaient presque sans interruption, et chaque volée partie de la rive gauche du fleuve s'abattant autour de l'aire impériale, venait sans cérémonie prendre place au banquet

dressé pour la révolution. Ce ne fut
cependant ni sans inquiétude, ni sans
un certain mouvement de jalousie, que
les militaires et les hommes d'état virent
rentrer aux Tuileries les anciens habitués
de l'œil-de-bœuf. On leur fit d'abord assez froid accueil; mais, en habiles courtisans, ils s'en vengèrent par des redouble-
mens de politesse, et quelquefois aussi par
de légères épigrammes, sous le feu des-
quelles semblaient se former en carré nos
généraux interdits. Revenus de leur première surprise, ils rendirent à leur tour
dédains pour dédains; et la guerre allait
peut-être éclater entre les deux camps,
ou plutôt entre les deux services, lorsque ces brouilleries parvinrent aux oreilles
du maître. D'un mot Napoléon rétablit la
paix : il partagea entre les deux noblesses
ses colliers et sa livrée. Alors ce fut à qui

le servirait de son mieux, à qui de plus haut se prosternerait le plus bas. C'était une recherche de soins et de complaisances, un accord de servitude, où devaient nécessairement exceller les grands pontifes de l'ancienne étiquette. S'agissait-il d'annoncer, d'ouvrir ou de fermer une porte? aussitôt on avait pour soi l'autorité de la cour monarchique. Fallait-il se mettre à genoux? personne ne s'y mettait avec plus de grâce et de souplesse qu'un noble marquis. Jusque-là celui qui avait quelques papiers à présenter, les tenait respectueusement à la main sur le passage de l'Empereur: ce fut un vieux courtisan qui, le premier, s'avisa de tendre son placet au bout du chapeau. Et lorsqu'on fit observer à Bonaparte toute la délicatesse de ce procédé, qui empêchait que sa main souveraine ne se trouvât exposée à toucher la main d'un citoyen, il parut satisfait, et dit en souriant, *c'est bien.*

Les noces impériales devinrent encore l'objet d'une étude nouvelle. La mémoire des classiques douairières du noble faubourg fut alors mise à l'épreuve pour se rappeler les us et coutumes du vieux temps, et surtout le dernier cérémonial observé au mariage de Louis XVI. Celle-ci notait une circonstance; celle-là, une autre; et de cet ensemble de gothiques souvenirs sortit un véritable rudiment de grandeur et de majesté. La répudiation de Joséphine, qui d'abord eût dû jeter l'effroi parmi nos gens à principes, acheva tout au contraire de ramener à la cour les plus opiniâtres. La femme fidèle, pour parler le langage de l'aristocratie, sancti-fiait le mari infidèle; ou, en d'autres termes, la couche d'une princesse allait devenir la savonnette à vilain de Napoléon, et lui donner plus de lustre et d'éclat que cent batailles gagnées et tout son génie. Au resté, cette mésalliance de la fille des Césars servit de prétexte à plusieurs mésalliances de la haute aristocratie française, qui, pour reconquérir son rang à la cour, usa des mêmes moyens qu'avait employés l'empereur d'Autriche pour rentrer dans ses états. Dévouement servile, unions mal assorties, protestations et prosternations, tout fut mis en œuvre pour se rapprocher du trône, et pour avoir, comme on dit, bouche à cour.

Enthousiasme général de la noblesse monarchique.

Il faut avoir vu Napoléon visiter les vastes provinces de son empire pour savoir quelle ivresse et quel enthousiasme faisait de toutes parts éclater sa présence. Des réceptions brillantes l'attendaient de ville en ville, de longues acclamations le suivaient d'un département à l'autre; et, dans cette marche triomphale, c'était toujours la noblesse monarchique que l'on voyait accourir la première à la tête des députations, se mêler au cortége du prince, et former sa garde d'honneur. Si Bonaparte daignait accepter des jeux et des fêtes, elle reparaissait sous de nouveaux déguisemens, et lui présentait avec des corbeilles de fleurs les vœux et les hommages du peuple des campagnes. Dans les bals parés, autres joies, autres démonstrations d'amour et de bonheur; un mot, un regard du prince, enivraient le jeune noble et le vieux émigré. Or, la meilleure tête de préfet ne pouvait tenir, dans ces circonstances, à toutes les vanités, à toutes les prétentions que chacun faisait valoir. Il aurait fallu, pour ne mécontenter personne, leur promettre à tous une première place à genoux. « Vous « n'ignorez sans doute pas, monsieur le « comte, que j'étais moi-même comtesse « avant la révolution. — Je fus présentée « au feu roi dans son voyage, reprend « une autre femme de qualité. — Et moi, « s'écrie cette vieille marquise, j'avais ta-

« bouret chez la reine. » L'ordre des pré-
sentations est difficile à régler, et celle
dont on a blessé l'amour-propre s'éloigne
en disant que monsieur le préfet n'entend
point la cour. Pour les vicomtes et les
barons, c'est bien un autre langage, ma
foi! quand ils ont eu l'honneur de défiler
devant sa majesté. « Dieux, quel œil d'ai-
« gle! — Comme le feu céleste jaillit de sa
« prunelle! — Quel son de voix enchan-
« teur! — Ah! qu'on ne nous parle plus de
« Louis XIV ni d'Henri IV! » Étranges discours, mais véritables, que j'ai entendu
prononcer moi-même, et par les bouches
les plus pures.

Voulait-on des vers? il n'y avait point
de vieux marquis rimailleur qui ne se sentît
encore en verve pour *le nouveau Charle-*
magne. Des discours? c'était à qui ferait
de l'éloquence, et la plus tendre et la

plus soumise. « Sire, toute la terre vous
« contemple! Sire, tous les rois sont pro-
« sternés devant vous! Sire, quelles expres-
« sions assez énergiques d'amour et de re-
« connaissance pouvons-nous trouver? » Et
les places, et les croix, et les montres, et
les tabatières sortaient de l'écrin impé-
rial, et venaient payer tous ces dévouemens et toutes ces prostitutions! Si, par
hasard, quelque homme sage osait encore
jeter des doutes sur l'avenir, c'était aussitôt un cri général de réprobation; on
le montrait au doigt comme un royaliste,
on en faisait un conspirateur. « Nous ne
« voulons pas plus de la cocarde blanche,
« disait-on, que du bonnet rouge : nous
« voulons le roi de Rome. » Or ceux qui
parlaient ainsi n'étaient point des hommes
nouveaux, mais de véritables gentilshommes, des nobles de seize quartiers, bons

chevaliers et bons barons, saluant l'aurore d'une nouvelle dynastie, et suppliant Bonaparte d'échanger contre sa croix d'Honneur leurs vieilles croix de Malte ou de Saint-Louis. Ils sont en possession aujourd'hui de grandes charges et de grandes dignités, et ils crient encore plus haut que les autres.

CHAPITRE III.

LA NOBLESSE MONARCHIQUE ET LA NOBLESSE IMPÉRIALE A LA RESTAURATION.

Caractère particulier des deux noblesses.

Je me souviens de m'être trouvé dans un salon avec le célèbre Cognard, faux comte de Sainte-Hélène, qui ne discourait que de sentimens d'honneur et de déli-

catesse, et portait à son côté une montre
volée. Ainsi parlent maintenant de dévouement et de fidélité ces preux chevaliers,
honneur de l'antique monarchie, qui ont
encore dans leur poche les tabatières et
les joyaux de l'empire. A force de protes-
ter de leur zèle et de leur constance, ils
ont fini sans doute par se persuader qu'ils
n'avaient jamais varié dans les principes
monarchiques et dans leur affection bourbonnienne. On les a vus parler effrontément de leurs complots sous l'empire,
jeter de nouveaux cris de douleur, et
rapprendre pour ainsi dire le rôle de
victime, qu'ils avaient, Dieu merci, depuis
long-temps oublié. J'ai connu, au retour
de Louis XVIII, un des prétendus res-
taurateurs de la monarchie, qui montrait
complaisamment le portrait du prince
attaché sur sa poitrine, et il déclarait

n'avoir pas depuis trente ans quitté cette chère image. Or on se prit d'abord à rire, puis quelqu'un l'avertit à l'oreille que le portrait ne datait pas de plus de quinze jours pour la ressemblance : c'était à peu près aussi chez tous les courtisans la date de leur fidélité.

On sent que l'ancienne noblesse, ressaisissant sous les Bourbons tout l'avantage du terrain, a dû quelquefois jeter la nouvelle dans de grands embarras de vanité. Il ne s'agissait pas seulement pour celle-ci de lutter contre des parchemins et des titres poudreux, qui après tout en valent bien de neufs ; mais le moyen de résister à cet ascendant plus réel du ton et des bonnes manières, que possède exclusivement en France l'aristocratie ? Tout, au milieu d'elle, trahit un parvenu, quels que soient d'ailleurs son rang

et son mérite personnel. On n'imite point
ces mœurs élégantes, ni cette gracieuse
dignité, ni même ces brillans dédains,
dont l'empereur s'étonna quelquefois dans
son palais, et où réside la véritable puissance du faubourg Saint-Germain, parce
que là seulement se manifeste dans tout
son éclat la civilisation d'un grand peuple.
C'est aussi ce qui fait que la noblesse de
l'empire, en essayant de se parer des
formes aristocratiques, a dû paraître d'autant plus gauche qu'elle voulait affecter
des manières plus aisées, et d'autant plus
impertinente qu'elle courait après les airs
de grandeur. Il lui allait mieux, comme
au temps de Napoléon, de confesser hautement qu'elle n'avait point d'aïeux, de
vanter pour ainsi dire l'obscurité d'où elle
était partie, et de s'en faire un titre de
plus à l'admiration des hommes. Cet or-

gueil n'était point sans grandeur et sans dignité; il est beau de commencer sa race, quand on la commence au milieu des triomphes et de la gloire. Mais à voir aujourd'hui le soin que prennent quelques-uns de ses membres de cacher leur naissance et jusqu'au nom de leur famille, on dirait qu'ils ont perdu le souvenir de leurs belles actions. Il en est qui usent de plus grands déguisemens encore, et qui, bien que sortis de l'échoppe ou de la boutique, doteront sans façon quelque arrière-grand-père, brave et simple artisan, de la noble particule, et dresseront aussi facilement leur généalogie qu'un grand seigneur de nos jours se fait des états de service. Si est-ce encore une de leurs manies que, dédaignant des titres glorieusement acquis sur les champs de bataille, ils voudront à toute force qu'on les enrôle dans les vicomtes et les marquis, comme pour en imposer à leur siècle et rattacher leur jeune origine au berceau de la féodalité. Or, emprunter à sa rivale l'éclat des grandeurs qui lui sont propres ne suppose pas toujours dans la nouvelle noblesse le sentiment de sa dignité. N'est-ce pas en quelque sorte s'avouer vaincu, que de brûler de l'encens aux autels de l'étranger?

Grands seigneurs de la révolution.

Enfans corrompus de quatre-vingt-treize,
qu'est devenu entre vos mains le dépôt
sacré des libertés publiques? qu'est devenu ce niveau sanglant qui passait et
repassait incessamment sur nos têtes? Nous
direz-vous de quelle horrible monnaie
vous avez payé vos titres et vos grandeurs, hommes avides et cruels? Ah!
jouissez de votre éclatante fortune sur
les ruines de la patrie en deuil, ressus-
citez pour vos fils des titres ou des pri-

viléges que naguère vous détruisîtes avec
le patriciat, et faites voir à cette nation
abusée que les expiations sont pour elle,
et pour vous les triomphes. Nommerai-je
en toutes lettres cet implacable ennemi
des nobles, qui pendant la terreur solli-
citait contre eux une proscription générale, et qui dans l'année 1810, grand
officier de la Légion-d'honneur et comte
de l'empire, proposait au conseil d'état
le rétablissement du régime féodal? Ci-
terai-je cette autre machine à terreur,
régicide sous Robespierre, prince sous
Bonaparte, faisant des lois pour tous,
pour le comité de salut-public, pour le
directoire, pour l'empire, et proposant
à Louis XVIII l'abolition de la Charte
et le rétablissement des parlemens? Ces
grandes ombres de la Grève se trahi-
raient elles-mêmes, si je voulais ici leur

prêter un masque et changer leurs noms.
Combien voyons - nous encore d'autres
vertus démocratiques auxquelles pardonne un siècle facile, et qu'enregis-
trera la postérité sur ses tables d'airain !
Pour avoir moins de célébrité peut-être,
leurs noms n'en sont ni moins flétris ni
moins odieux.

Demandez à *Arbas* comment il a passé
d'une obscurité profonde à l'éclat des
honneurs et des dignités ; demandez-lui
quelles furent ses premières armes ; comment et en quelle rencontre il a gagné
ses éperons. *Arbas* maintenant ne se
fait point de plus grande joie que de
laisser admirer la magnificence de son
palais, d'en montrer la belle distribution
et la riche architecture. Il y a mille autres
curiosités chez *Arbas* que les étrangers
s'empressent à voir ; d'excellentes pein-

tures, une collection de médailles, des vases antiques et les marbres les plus rares. Tout est mis sous vos yeux, tout vous est ouvert avec une grâce infinie; si pourtant on en excepte un petit coffre soigneusement fermé, dont la clef ne fut jamais confiée à la main d'un valet. Quel est ce rare trésor? vient-il d'Allemagne ou d'Italie? fut-il conquis sur un champ de bataille glorieux à nos armes, à Marengo, à Austerlitz, à Jéna? Je n'ai point nommé, je pense, ni Saint-Firmin ni l'Abbaye. Certain ami, peu discret, assure que ce trésor, envié de tout le monde, se compose d'étranges reliques; d'une lourde massue, d'une veste encore tachée de sang, et d'un bonnet de la couleur des taches. C'est, dit-on, le seul souvenir de reconnaissance que garde le maître de ce vaste palais.

Depuis long-temps *Braside* est fameux, et sa dévotion ne le cède en aucun point à celle des plus fervens *apostoliques*. Ce vétéran de nos armées fait présentement un acte de contrition comme autrefois il faisait un ordre du jour; et si de jeûner et de prier le doit mettre en crédit, il n'y a jeûne ni prière qui soit au-dessus de ses forces. C'est d'un grand signe de croix, c'est d'une adroite génuflexion, d'un cierge à la main, d'un bréviaire sous le bras, qu'il prétend à cette heure grossir ses états de service. Car pour *Braside* communier est faire une action d'éclat; et les plus belles mentions de nos bulletins de la grande armée ne vaudraient pas à ses yeux un billet de confession du père Loriquet. Comme il faisait jadis servir à sa fortune le sang du soldat, présentement il essaie de mettre à profit le sang même de Jésus-Christ. Un tel homme ne veut point rester en arrière de ceux qui gagnent sur le terrain de l'hypocrisie des honneurs et des dignités. *Braside* peut rendre un jour et ses grosses Heures, et son grand cierge, et son petit crucifix; mais il ne rendra jamais sa belle galerie de tableaux.

Je veux que sous le directoire on se soit repenti de quatre-vingt-treize, et que l'on ait même au consulat désavoué le directoire; cela peut être de la conscience : mais que les mêmes hommes fassent encore le procès au consulat et à l'empire, c'est avoir dépassé toute audace de honte et de bassesse! Une nouvelle révolution doit-elle nous frapper? ah! qui serait plus *national* et plus *patriote* que ces convertis de tous les régimes et de toutes les promotions? qui ferait des discours mieux

empreints de toute la fierté républicaine ?
Nous les avons vus trop souvent changer
de couleurs, leurs titres et leurs brevets
sont de trop d'encres différentes pour
qu'ils ne s'empressent pas au besoin de
coudre encore quelque autre pièce à leur
livrée.

Caractères divers.

Nous avons vu le temps où *Régule*
envoyait sans pitié les nobles au supplice ;
il leur faisait un crime de leurs titres, et
brisait de ses propres mains les écussons
et les armoiries. Jusque là *Régule* n'est
pour moi qu'un républicain farouche, et
je pardonne à ses fureurs démocratiques
tout ce qu'elles ont d'*acerbe*, comme on
disait alors. Mais si *Régule* s'est ensuite
paré lui-même de titres féodaux, s'il a
pris à son tour enseigne de blason, et
qu'on ne le puisse aujourd'hui distinguer

d'un vieux seigneur châtelain, que faudra-
t-il que je pense de *Régule?* Ce fut un
duel avec la noblesse, dira-t-il, et j'ai tué
mon adversaire. Rien de mieux, sans doute;
mais il ne fallait point, après le combat,
fouiller dans ses poches et voler ses
joyaux. Et cependant qui plus que
Régule cherche actuellement à se faire un
mérite de sa noblesse, et à se donner
certains airs d'importance et de fatuité?
On parlait un jour devant lui de l'impru-
dence et de la légèreté des nobles au
commencement de la révolution : « Ils ont
perdu la tête », s'écria-t-il avec dédain, et
sans songer à ce qu'un pareil mot avait
de sinistre dans sa bouche. A certain
gentilhomme qui s'inquiétait de l'avenir,
et paraissait craindre pour les nobles de
nouveaux dangers, *Régule* fait une ré-
ponse encore plus fière : « Ah ! ah ! cette

fois, dit-il, j'espère que nous nous dé-
fendrons. » Mieux vaudrait mille fois écrire
à un Montmorenci *monsieur* tout court, que
de ne point donner à *Régule* ses sobriquets, surnoms et qualités; un de ses amis
est en pleine disgrâce pour avoir simple-
ment mis sur l'adresse : A monsieur *de
Régule.* A sa porte le suisse a l'ordre de ne
point répondre, si vous commettez un pareil oubli. *Régule* vient de renvoyer son
valet de chambre, homme probe d'ailleurs
et fort exact dans le service, mais dont
l'air et les habitudes sentaient le valet de
petite maison; bref il ne parlait point à
son maître à la troisième personne. Vive
Dieu! quel beau marquis fut jamais d'une
vanité plus chatouilleuse! Et vite, dépê-
chez-vous de faire des révolutions pour
donner à gens de cette étoffe palais et châteaux.

Mais en voici un autre qui dans son nouveau rang a de plus étranges prétentions encore. Si l'on en croit *Scévole*, il ne peut, même à la cour, contenir l'indépendance et la rudesse de son grand caractère. Jamais discours n'est sorti de sa bouche qu'il ne fût marqué au coin de la plus généreuse audace. Tout récemment un grand personnage s'était permis en sa présence d'accuser Voltaire d'impiété. « Sans contredit, « reprend notre homme, votre altesse a « raison; mais, il faut être juste, le drôle « avait bien de l'esprit. » Et *Scévole*, à ce propos, vous parle avec un léger sourire de l'effroi subit qui s'empara des courtisans. Cependant, un jour qu'il déjeûnait à la table de Louis XVIII, de son propre aveu il se crut perdu. Le feu roi offrait à *Scévole* du vin de Madère; mais lui, qui ne transige point avec sa liberté : « Sire, dit-il,

je préfère du malaga. » O stoïque vertu!
ô noble effort du courage! que de grandes
et utiles vérités cet homme a dû faire retentir au milieu des conseils de l'empereur!
Je me tiens pour assuré d'avance que ce
n'est point la faute de *Scévole* si Bonaparte
a perdu la couronne.

Le père d'*Alcis* fut lâchement égorgé
aux jours sanglans de notre révolution;
mais, hélas! que sert à *Alcis* de connaître l'assassin de son père? Un grand
crédit, des charges éminentes l'ont toujours
mis à l'abri d'une juste vengeance. Il blan-
chit ses crimes sous le directoire, s'avança
sous le consulat, devint homme de qualité
sous l'empire; et voilà que la restauration
est venue lui apporter de nouveaux titres
et de nouvelles dignités. Toutes ses opinions sont aujourd'hui monarchiques et
dévotes; on prendrait volontiers de ses

reliques. *Alcis* n'avait pu jusque là renoncer à l'espoir de perdre son ennemi; il faut bien qu'*Alcis* y renonce maintenant.

Parlerai-je du *penseur Dorimont*, de sa morgue doctorale et de sa fatuité politique? Dirai-je qu'il est une des lumières de cette aristocratie bâtarde, qui, dédaignant la noblesse de l'empire, est à son tour méprisée de la vieille aristocratie monarchique, à laquelle pourtant elle appartient? Eh! pourquoi non? ne représente-t-il pas à lui seul toutes les *supériorités* de son salon, ou plutôt de son canapé? Qui voit *Dorimont*, voit en miniature l'idéologie personnifiée; petits airs, grandes prétentions, mince savoir et force suffisance; en somme une orgueilleuse réserve que l'on prend pour de la profondeur. *Dorimont* est ce qu'on appelle vulgairement un grand seigneur constitutionnel, c'est-à-dire une de ces *notabilités éclairées* qui ne recherchent le pouvoir et la fortune que pour épargner aux nations un pas rétrograde et faire *marcher le siècle.* Tous les avantages personnels que lui pourraient assurer certaines *dispositions légales* ne le touchent que sous le rapport de l'intérêt public, qui lui prescrit d'accepter d'abord honneurs et dotations. Dans un cercle *libéral*, *Dorimont* est plus que tous *libéral* et *constitutionnel*, et ne craint pas de payer du mépris de son propre rang la popularité qu'il veut acquérir. Mais suivez-le dans les salons monarchiques, dont tout à l'heure il se moquait, et vous le verrez, dépouillant ce ton et ce langage de *révolution*, reprendre encore plus vite les nobles manières de ses aïeux. « Il s'agit bien ici de démolir les vieux préjugés! nous y reviendrons, dit-il, avec

le temps; mais de la sagesse! de la prudence! ne pressons rien si nous ne voulons tout perdre. » Et *Dorimont*, par ses
discours, réjouit la vieille noblesse, et lui
fait voir que dans une âme bien née
la tache originelle ne s'efface jamais.
Traits piquans, ingénieux persifflage, tout
lui sera bon pour frapper, comme il les
appelle lui-même, ses amis de position.
Le rencontre-t-on par hasard tenant sous
le bras quelque *honorable* de la doctrine,
brave et franc plébéïen, il ne manquera
point de s'en excuser d'abord, et d'invoquer à son secours les *nécessités sociales*.
Si, le soir, il voit entrer dans son salon
les *intimes* du matin : « Celui-ci, dira-t-il
à demi-voix, est un garçon d'esprit que
l'on est convenu de recevoir; le père de
cet autre a rendu de grands services à
ma maison. » Et, après s'être mis ainsi en

règle, on leur serre affectueusement la main. Le secret de *Dorimont* est de faire marcher ensemble la grandeur et la popularité, et, tout en se courbant sous le niveau de la démocratie, de ne rien perdre de sa taille aristocratique. C'est une bonne figure du temps, un de ces tartuffes de l'ère nouvelle, qui veulent semer des deux mains dans le champ de la *perfectibilité sociale*, et moissonner à la fois les douceurs du despotisme et la gloire des libérateurs.

Damis, avant qu'il portât la grotesque livrée du *montagnard*, les cheveux plats et le bonnet phrygien, s'était fait remarquer à la cour de Louis XVI par l'élégance et la noblesse de ses manières. Plus tard, il adopta sous l'empire les brusques saillies d'une incivile grandeur et l'air étonné du parvenu; et le voilà maintenant qui retourne, dans sa vieillesse, aux habitudes courtoises et féodales. Est-il forcé d'inviter à sa table quelque ancienne célébrité de club, quelque vieux compagnon de ses orgies démocratiques, vous apprendrez bientôt que cet homme de la révolution, comme il le désigne actuellement, lui aura pour le moins sauvé la vie. Et puis, dira-t-il, nous étions trop heureux dans ce temps-là de nous servir de telles gens; et il ne vous contera pas que c'était lui qui très humblement leur faisait la cour. Quoique *Damis* pût amplement et tout à son aise parler de la révolution, on dirait cependant qu'il ne se souvient que des noms de l'ancien régime et des anecdotes de l'œil-de-bœuf; le reste s'est effacé de sa mémoire comme une débauche de jeunesse. Du temps de l'empire il portait la tête haute, il avait le regard pénétrant,

la démarche fière et hardie; afin de res-
sembler mieux au maître, il croisait aussi
ses mains derrière le dos, et affectait en
toute rencontre le ton et le maintien
diplomatiques. Maintenant il est redevenu
féal et gentil chevalier; il a pris je ne
sais quel air de noble gracieuseté qui le
vieillit de deux générations au moins; et,
pour reculer encore, il s'affublerait au
besoin d'une perruque du grand siècle.

.. Que de gens, parmi nous, fuyant leur
propre miroir, se passeraient volontiers
aujourd'hui qu'on les fît si ressemblans!
Sans doute ils doivent être les premiers à
blâmer le peintre malencontreux qui ne
sait point, aux dépens de la vérité, cacher
la laideur et les difformités de son modèle.
Mais je vais au-devant de leurs reproches,
et je m'accuse moi-même d'être un homme
fort incommode. Voulez-vous, leur dirai-je,

connaître au dix-neuvième siècle le caractère du *fâcheux ?* Eh bien ! c'est celui-là
même dont la mémoire trop fidèle ne
laisse échapper aucun trait de notre longue
révolution; celui-là qui sait au plus juste
tous les rôles que chacun a joués, et qui
poursuit de son implacable souvenir l'inconstance des opinions et les rapides chan-
gemens de fortune. Aborde-t-il ce haut et
puissant seigneur de l'empire, si fier de
sa récente grandeur? il le salue par son
ancien nom, depuis long-temps oublié, et
le plaisante sur la guerre qu'il avait autrefois déclarée aux châteaux. A cet autre,
qui par ses alliances espère se glisser doucement à la cour, qui parle à tout le monde
de la parenté de sa fille et des aïeux de
son gendre, il lui demandera s'il n'est pas
le fils de l'ancien laquais de son père, et
s'il n'a pas été lui-même nourri dans sa

maison ? C'est encore ce même homme, toujours plus *fâcheux*, qui, serrant la main d'un magistrat plein aujourd'hui de zèle pour le trône et l'autel, le félicite de ne s'être pas blessé le jour où il abattit, avec une hache, les attributs de la royauté. « Avouez, s'écriera-t-il une autre fois, en s'adressant à certain député de la droite, avouez que vous êtes bien revenu de ces temps d'erreur où vous brûliez vos titres de noblesse et célébriez l'anniversaire funeste du vingt-un janvier. » En admirant les beaux services et les riches tentures qui décorent le palais d'un grand personnage, il demandera si ces raretés ne viennent pas du garde-meuble? Ou bien il parlera de malversations et de *liquidations fraudu-leuses* devant un homme d'état, dont la fortune date de nos jours de calamités. Le *fâcheux* sait tout, il sait ce que coûtent à cet honnête et pacifique citoyen ses états de service, il peut mettre à prix les insignes de sa gloire future; il sait quel bon parti certaines gens ont tiré de la dernière guerre d'Espagne; et, s'approchant de *Varillis*, il lui demandera si c'est en réaux qu'ont été payés ses terres et son château. Détestable caractère! peste publique que cet homme! véritable fléau de tant d'illustres person-nages pour lesquels il commence la pos-térité, et d'une foule d'honnêtes gens que leurs opinions monarchiques et religieuses devaient mettre à l'abri du soupçon.

Conversion de la noblesse monarchique.

On a cru qu'il suffisait, pour ressusciter l'ancienne noblesse, de lui dire : *prends tes titres et lève-toi!* Mais cette seule parole n'était point capable de lui rendre la vie; il y aurait fallu joindre des droits et des priviléges, sans lesquels il n'existe réellement point de noblesse.

Or, le sentiment de sa propre destruction est peut-être aussi ce qui a le plus contribué à la ramener au pied des autels, dont elle se montra si souvent l'ennemie. Elle tourne maintenant vers le ciel ses

regards inquiets, et semble demander à
la religion un appui que lui refusent le
siècle et ses institutions. Comme on l'a dit
de Carthage et de Marius, ce sont deux
grandes ruines qui se consolent ensemble.

Mais qui me persuadera qu'un zèle si
extrême soit tout à coup devenu, dans
chaque membre du corps aristocratique,
le résultat d'une conviction sincère? Ne
voyons-nous pas l'Évangile même protes-
ter de toute l'autorité de sa parole contre
ces basses intrigues d'avarice et d'ambition qui se couvrent des apparences de la
piété? Il n'y avait que les disciples de
Loyola qui pussent tout accommoder avec
leur direction d'intention : aussi le jésuitisme est-il en quelque sorte devenu la
religion de l'ancienne aristocratie.

Il y eut une époque où la noblesse tenait
à honneur de protéger les athées et les

philosophes, où elle mêlait ses traits piquans aux stupides outrages dont on pour-
suivait la religion, et, il faut en convenir,
son impiété était un contre-sens. Ce serait un grand malheur, cependant, si la
révolution, au lieu de corriger les nobles,
ne leur avait appris qu'à devenir plus fins
et plus déliés, plus habiles au mal, plus
forts enfin de toutes les ressources de
l'hypocrisie.

Pendant nos longues et terribles satur-
nales, le peuple français, comme autrefois
les esclaves de Rome, a pu souvent adresser
de justes reproches à ses anciens maîtres.
Il leur a fait toucher du doigt les torts
irréparables du passé, il a mis à nu toutes
les misères, et proclamé d'utiles vérités.
Grande leçon sans doute, mais quel en a
été le succès?

En quel temps avons-nous vu plus de

lâches cupidités,, et tout ensemble plus d'arrogance et de folles présomptions?

Certains personnages se trouvent placés si haut qu'ils ne font guères de différence entre un jurisconsulte et un fort de la halle, entre un géomètre et un charbonnier; tout est peuple à leurs yeux. Ces puissans de la terre auraient rencontré le véritable point de vue, s'ils ne distinguaient plus les hommes que par leurs vices et leurs vertus; ce serait une preuve du moins qu'ils commencent à penser en chrétiens.

6.

Dévotion de cour.

L'importante affaire pour quelques grands seigneurs était de reconstruire d'abord leur fortune, et ils n'ont rien négligé de ce qui pouvait assurer œuvre si méritoire; jusque-là que, à les voir tondre et glaner, les anciens vassaux de Bonaparte se sont dit entre eux : « Nous avions donc laissé derrière nous bien des épis! » Et cependant encore j'entends par ci par là maints nobles personnages se plaindre du sort rigoureux, et maudire le jour où fi-

nit leur exil. «Je ne puis, dit *Lahire*, malgré toutes mes économies, compter plus
d'un million placé sur l'état.—Et moi donc,
reprend *Lancelot*, c'est tout au plus si je
laisserai à ma pauvre femme cent mille
livres de rente en fonds de terre. » Et nos
saints accompagnent ces discours d'un si
profond détachement des choses d'ici bas,
et de tant de sollicitude pour la conversion des pécheurs, que l'on est volontiers tenté de leur dire : « Prenez le reste,
ce sera plus vite fait. » Dieu lui-même,
pour augmenter leurs trésors, a opéré
prodiges et miracles, et miracles des plus
rares. Avec des offices de vingt ou trente
mille francs ils tiennent maison de prince,
et trouvent encore le secret chaque année d'ajouter à leur capital cent et deux
cents mille francs d'économies. Il suffirait
dans leur main d'un écu béni pour en

faire venir cent à côté. C'est en toutes
lettres la multiplication des sept pains et
des sept poissons, dont il resta force pa-
niers pleins après en avoir nourri dix
mille hommes. Or ce miracle fait en leur
faveur vaut bien, à mon avis, celui de
-la croix de Migné.

Petite légende aristocratique.

Pour d'autres saints il se fait d'autres miracles, dont je vais, s'il plaît aux fidèles, noter en peu de mots les plus éclatans. Jusques à présent la corruption, source de misères et d'ignominie, nous semblait ne devoir produire que des fruits empoisonnés et des trésors de malédiction. Eh bien! sachez que toutes les souillures du vice, comme d'épaisses vapeurs amoncelées à la surface de la société, se résolvent pour *Théophile* en

une pluie d'or, qui descend ensuite payer
ses sermons et ses homélies. C'est à qui
l'enrichira de la police ou des maisons de
jeu; et la manne céleste lui vient encore
d'une autre sorte de maisons qu'il serait mal séant de nommer ici. En tout
vingt mille écus. Est-ce donc une trop
forte somme pour le vénérable docteur
du saint-office, qui sans façon se char-
geait d'expédier les mécrans à leur *juge
naturel?* Barrère, le célèbre Anacréon de
la guillotine, ne fit jamais une meilleure
pointe ; et ce mot seul rachète *Théophile*
des plats éloges qu'il donnait à Napoléon.
Là cependant ne se bornent point les
grâces et les faveurs dont l'honore le
ciel ! Un des fils de *Théophile* a obtenu
les premières charges de l'instruction publique ; l'autre, dans l'épiscopat, répond
à une plus haute vocation encore. Saint

est le père, sainte est sa race, et bonne et commode sera pour elle la route du salut.

Je connais une noble famille, puissante aussi devant le Seigneur, et qui, pour ne déroger point à l'antique vertu de ses aïeux, s'est d'abord emparée de la restauration comme de son bien propre. Elle a fait entre frères et beaux-frères, oncles, neveux, cousins et arrières-petits-cousins, le partage des principaux emplois civils et militaires d'une province; et tous ses membres, en un instant, ont été nommés colonels, généraux, préfets et sous-préfets, maires et receveurs. Il est vrai qu'on ne vit jamais noble maison plus zélée pour la gloire de Dieu, et plus humblement soumise à ses saintes volontés. La France se divise en quelque quatre-vingts départemens : ce serait à peine, sur ce pied-là, quatre-vingts familles qu'il faudrait pour la gouverner. Alors on pourrait chanter en chœur : « Hosanna! hosanna! gloire et richesses aux élus du Seigneur! »

Arnolphe, si connn par sa dévote ardeur, après le service de Dieu n'a de vocation que pour le métier de traitant. Il a donné la préférence à une recette générale sur un office de cour, sur une préfecture, sur un régiment; et cependant *Arnolphe*, qui veut s'enrichir, ne voudrait pas déroger à l'aristocratique grandeur de ses ancêtres. Pour éviter donc toute honte et tout scandale, il a fait entre ses noms un adroit divorce : du nom de famille, toujours moins connu, il signe les borderaux et la correspondance financière ; il réserve pour la cour et le faubourg Saint-Germain son nom féodal. La maison dont

il a fait choix, bâtie sur deux rues différentes, offre d'ailleurs deux issues commo-
des. Du côté le moins apparent, sur la porte
de derrière, on lit, d'une écriture coulée,
Bureaux du Receveur général;
puis sur la belle façade, en grandes lettres
d'or: Hotel du comte de ***. Mais *Arnolphe*
ne se borne point à ces sages précautions, il est inutile de dire que toutes ses
pensées et ses doctrines sont également
à double, que toutes ses opinions ont
aussi deux portes.

Éraste depuis la restauration s'est fait
un renom de sainteté, en priant et faisant prier sa livrée, en plantant des croix
et courant les missionnaires ; et le ciel
qui, comme le dit M. Cousin, ne distribue le bonheur qu'à la vertu, a d'a-
bord envoyé à *Éraste* pensions et charges de finance. Aussi le pieux baron,

pour rendre à Dieu ce qui lui appartient, redoublant de faste et de sainteté, fera bientôt en voiture à six chevaux stations et processions. Car ce n'est plus aujourd'hui la haire ni le cilice qui portent témoignage de la vertu de nos dévots : ils ont trouvé le secret de faire pénitence sous le cachemire, et d'aller au ciel en tilbury. Non loin de l'heureuse cité qu'habite *Éraste*, se trouve un saint fameux, saint de plâtre, il est vrai, mais qui sur *Éraste* l'emporte en quartiers de sainteté, et des pèlerins excite au loin le zèle et la dévotion. Vers le temps de Pâques on a vu des laquais se heurter autour de la chapelle du saint, on a vu force provisions arriver au couvent, et, sur toute la route, des voitures brillantes et je ne sais quel air de fête. Faut-il vous en dire la cause? *Éraste*, avec une nombreuse compagnie, est allé chez les révérends pères se mettre en retraite aux pieds de Loyola. Pour fêter ensemble les deux saints, on a fait venir de l'océan les plus beaux poissons, des fruits secs de la Touraine, et de Paris un prédicateur et un cuisinier.

Voulez-vous maintenant savoir de *Pallide* s'il a émigré? *Naturellement*, vous dira tout aussitôt le vieux courtisan; et ce mot seul, prononcé de certaine façon, donne à entendre qu'un homme de qualité ne pouvait alors se dispenser de quitter son pays. Mais au retour de votre exil vous faisiez, si je ne me trompe, *Pallide*, une cour assidue au premier consul? *Naturellement!* Ce qui veut encore dire qu'un homme de qualité ne devait pas tenir plus long-temps rigueur au pouvoir. Ne l'avez-vous pas ensuite se-

lué du nom de César, et ne chantiez-
vous pas comme les autres, à la chapelle
des Tuileries, le *salvum fac imperato-
rem?* A quoi *Pallide*, indigné, répond
qu'il chanta toujours *fac regem.* C'était
donc bien bas, *Pallide ?—Naturellement.*
—Et la boîte, *Pallide*, dont vous fit présent le *grand homme?* Vous en avez
brisé la miniature: c'est fort bien! Vous
avez voulu, dites-vous, fouler aux pieds
l'image de *l'usurpateur :* rien de mieux
encore! Mais la riche garniture de dia-
mans qui l'entourait, ne trouvâtes-vous
pas qu'elle était bonne à conserver? *Oh!
naturellement.* Allez, *Pallide*, votre confession est celle de la plupart des hommes de votre rang : on ne saurait trahir
plus *naturellement* sa conscience et l'honneur. Et cependant *Pallide* tient actuellement sa place parmi les saints! Il est

ce que l'on appelle rentré en grâce; il délivre brevets de dévotion et brevets de fidélité, il maudit les *libéraux*, il maudit la liberté de la presse, il me maudira moi-même *naturellement*.

Que d'illustres mendians, plus vils et plus importuns que le pauvre qui, par les rues, tend une main suppliante! Mendians sans pudeur, gueux volontaires, qui du sein de l'opulence se prosternent devant les titres et les faveurs. Pour eux, c'est manquer de chaussure et de vêtemens, c'est manquer de pain que de n'accumuler pas sur leurs têtes toutes les charges et toutes les dignités du royaume. Ainsi ils dérobent à l'homme de bien son rang, et privent de sa récompense la vertu même. Rendez-vous à leur supplications, faites l'aumône à leur vanité, vous les verrez se hâtant de retirer une main, présenter l'autre tout aussitôt. Ils ne sont jamais contens, la grâce qui suit une première grâce n'arrive jamais assez vite. On les menace, ils sourient; on les chasse, ils se retournent; on leur pousse la porte, ils heurtent de nouveau. Il faudrait les battre, et les battre au sang; encore diraient-ils : *Frappe, mais accorde!* Ils tiennent comme cernés la cour et ses avenues, les palais des ministres, l'église et l'autel ; ils viennent vêtus de pourpre et chamarrés d'or solliciter la part de la veuve et de l'orphelin. Jamais la mendicité en haillons n'enfanta de pareilles lâchetés. Jamais l'homme, aux prises avec la faim dévorante, ne s'est avisé de tant de bassesses et d'infamies.

CHAPITRE IV.

ARISTOCRATIE DE LA FORTUNE.

Talons rouges de la Chaussée-d'Antin.

A côté des deux noblesses croît et s'élève une multitude d'aristocraties plébéiennes, véritables doubles, prêts dans l'occasion à se saisir des premiers rôles,

auxquels ils préludent par de petites vanités et une grande impertinence. Laissez-
les tout à leur aise s'emporter contre des
titres et des distinctions qu'ils ne possèdent point : c'est le dépit d'un amant furieux
qui soupire après le cruel objet de sa
haine. Il suffit de leur montrer quelque bout
de privilége, et vous verrez ensuite de
quelle façon ces messieurs traiteront la
pauvre *égalité*. Autres sont nos discours,
autres sont nos actions. Ici nous parlons
comme des Gracques, et là nous nous mon-
trons plus hauts et plus despostes qu'un
vieux sénateur romain ; nous faisons sur
les vanités de cour une philosophie digne
de Diogène, et tout à l'heure nous allons
pleurer pour hochets d'orgueil et poupées
d'enfant. Or, il ne s'agit point de ce vieux
parti monarchique, religieusement immobile, qui ne sépare point ses idées d'or-

dre, d'une perruque à bourse ou d'un chapeau à plumes; mais je le déclare haut et
clair, pour que tout le monde m'entende :
ce que je dis ici s'adresse à nos amis les *libéraux*, nation mercantile et peuple de ban-
quiers, qui veulent faire à l'eau-rose de la
démocratie de salon, et remplacer le mérite
de la naissance par celui du coffre-fort. Eh !
que peut donc y gagner le peuple, sinon
d'être saigné, pressuré, monopolisé, tondu
et retondu, pour fonder cette aristocratie
de banque, dont il aura en petits écus la
monnaie dans sa poche? Mieux vaut encore la noblesse qui s'acquiert sur les
champs de bataille. Elle a du moins,
comme disait Bonaparte, reçu le baptême de feu. Et puis, c'est que tout le
monde ne court pas après celle-là; c'est
que l'on n'y arrive qu'en servant la pa-

trie, et encore n'y arrive-t-on pas tout
entier. Demanderez - vous à *Fabrice*, à
Emile, où on les a faits comte et baron?
Demandez - leur plutôt où l'un a laissé
son bras et l'autre sa jambe? Ils peuvent mettre dans leur écusson le membre
qu'ils ont perdu, leurs armes seront des
armes parlantes. Mais pour nos seigneurs
industriels la chose se fait plus facilement.
Quand ils veulent un titre, c'est l'argent à la main; encore leur faut-il, par-
dessus le marché, la croix d'honneur. Ils
tonnent à la tête de l'opposition, menacent et gourmandent le pouvoir, et s'in-
clinent jusqu'à terre quand le moment des
capitulations est arrivé; capitulations à
bonnes enseignes, où l'on ne met en oubli que le peuple et la patrie. Je ne dis pas,
à la lettre, que tout haut et puissant sei-

gneur de l'aristocratie plébéienne soit dès aujourd'hui pourvu d'un habit de cour; mais j'affirme qu'il en est bien peu dans le nombre qui n'aient déjà fait prendre leur mesure et commandé leur équipage.

Robes-courtes du parti populaire.

Combien de prétendus libéraux , fastueux protecteurs du pauvre peuple, sont
dans le fond plus jésuites que le P. Loriquet et le P. Ronsin! Ah! s'il me fallait
démasquer ici la nouvelle *société*, et dresser une liste des nouveaux *compagnons* ,
que de démentis donnés à toutes ces stoï-
ques professions de foi qui séduisent et
trompent aujourd'hui la France! Qu'il serait curieux de suivre dans certains rendez-vous diplomatiques ces hautes réputations de vertu, dont l'austère patrio-

tisme et le farouche désintéressement se
quittent à la porte avec la canne et le manteau!. Parmi les habiles il y a une heure
pour fronder et une heure pour se pros-
terner; une heure pour les saillies d'une
généreuse indépendance et une heure
pour les serviles respects; jamais le soleil,
dans sa course rapide, ne les a vus un jour
entier professer les mêmes opinions. Sauvez
donc la patrie avec de tels hommes! Lorsque
Tartuffe l'ancien donnait une heure au ciel
et l'autre à l'adultère, sans doute il ne s'était
pas fait une si haute idée de la science de
l'hypocrisie. Voilà surtout en quoi sont clairs
et manifestes nos progrès. Il n'existe plus
qu'un vain retentissement de ces grandes
vérités morales qui parlaient autrefois si
puissamment au cœur de l'homme, et qui
sont venues comme expirer au milieu des
livres et des subtilités philosophiques. Tout

est feint, tout est rôle joué; et la pâle réminiscence des discours de Sparte ou du
Forum ne cache aujourd'hui qu'un secret appel à la fortune et aux honneurs.
Le siècle, nous l'avons dit, veut du *positif*, c'est-à-dire des richesses et du pouvoir; et peut-être l'éclectisme de certains
philosophes n'est-il, au fond, que le choix
des meilleurs moyens d'y arriver. Parmi
nous, les sectes de toute espèce, les associations religieuses, les congrégations
politiques, qu'il faut mettre au nombre
des aristocraties subalternes, se pressent
et se succèdent avec une étonnante rapidité. Les jésuites sont à peine entrés dans
la lice, que de nouveaux docteurs ont déjà
coupé leurs robes pour courir plus vite,
et s'élever plus facilement au premier rang
des *supériorités sociales*, ainsi que cela
s'appelle dans le nouvel argot philoso-

phique. Leur doctrine élastique est tout
à la fois rêveuse et convoiteuse; au moment où ils ont l'air de se perdre dans
les nuages, on voit encore leurs mains
aventureuses cueillir sur la terre des croix
et des pensions. Du reste, grands inven-
teurs de déceptions, prompts et habiles
dans leurs déguisemens politiques, ils
sont toujours prêts à s'offrir aux peuples
comme les arbitres de leurs destinées. Ils
pourraient s'appliquer à eux-mêmes une
prophétie railleuse dont on s'était autrefois
servi pour représenter la profonde dextérité des jésuites. Comme leur saint patron, frappé d'un éclat de mitraille au siége
de Pampelune, demandait à sa madone
la guérison d'une blessure qu'il avait reçue
à la jambe, la sainte Vierge, dit-on, lui
apparut elle-même en ce moment, et lui

adressa ces consolantes paroles : « Il est
« vrai, mon cher Ignace, tu seras toujours
« boiteux; mais en revanche, je te donnerai
« des enfans qui ne seront pas manchots. »

Lucrophile.

On peut, avec de bonnes raisons, at-
tendrir le suisse d'un prince ou d'une
excellence, et, dans une affaire pressante,
trouver encore le moyen de s'expliquer
avant que tout ne soit perdu. Mais n'at-
tendez pas du concierge de *Lucrophile*
cette bénigne complaisance; les ordres
sont ici des plus rigoureux, vous ne
sauriez passer le seuil de la porte sans
une lettre en bonne forme, bien signée,

portant audience et rendez-vous du maître. — « Il y va cependant de ma fortune;
« les momens sont précieux; un mot, un
« seul mot peut me rendre la vie! » —
Eh! qu'importent à *Lucrophile* vos regrets et vos doléances? N'a-t-il pas fait
en public sa profession de foi? n'a-t-il
pas, la main sur le cœur, déploré les
misères du peuple, et reproché à Cor-
bière son inaccessible grandeur? Si néan-
moins quelque commis prend la peine
de vous indiquer le jour et l'heure *très
précise* où le maître du logis daignera
vous recevoir, partez d'assez bonne heure
pour avoir le moyen de perdre beaucoup de temps; et lorsque, d'anti-chambre en anti-chambre, vous aurez passé
par la main de vingt laquais qui se re-
layent sur votre passage, gardez-vous surtout de laisser paraître la moindre im-

patience. — « Mais *Lucrophile*, lorsqu'on
« m'annonce, ne quitte point son fauteuil;
« il reste assis et couvert, bien que je
« le salue à plusieurs reprises et du plus
« loin que je l'aperçoive! C'est à peine
« s'il jette sur moi un léger regard,
« s'il prête l'oreille à mes discours! » —
Nouvelles plaintes, nouvelles doléances,
et tout aussi ridicules que les autres!
Hier encore *Lucrophile* ne faisait-il pas
le procès à l'aristocratie? ne prenait-il
pas en pitié le ton et l'air dédaigneux
des grands seigneurs? Ses principes sont
connus de la France entière, il n'est pas
un électeur libéral, de grand ou de petit
collége, qui ne lui donnât sa voix. —
« Cependant je me rappelle qu'autrefois
« j'ai rendu visite à des princes d'An-
« gleterre, à des archiducs d'Autriche, et
« ils se levaient pour moi, et ils me fai-

« saient l'honneur de m'offrir un siége. »
— Eh! bon Dieu, vous pouvez, sans sortir de France, vous présenter chez un Choiseul ou chez un Larochefoucauld, et ils vous recevront aussi avec beaucoup de grâce et de politesse, et vous reconduiront même jusqu'à la porte de leur salon. Mais, je vous en préviens, ce sont des hommes de l'ancien régime, des hommes fiers et orgueilleux de leur naissance, tandis que le plébéien *Lucrophile*, zélé défenseur de nos droits, aime par-dessus tout le peuple et l'égalité.

Titres et priviléges roturiers.

Je conçois qu'une profession libérale serve de titre à celui qui l'exerce, et que l'on dise *un tel médecin*, *un tel avocat*, comme on dirait un tel général, un tel député. Cet usage n'a rien en soi que d'honorable, et je ne le confonds point avec ces absurdes qualifications dont s'est emparée la vanité plébéienne. Faute de sobriquets aristocratiques, on se dit *électeur*, *rentier*, *propriétaire*, et toujours avec l'intention de faire voir que l'on n'est point tout-à-fait du peuple ; car c'est là le grand point, même parmi ses meilleurs amis. Or, ces titres, vous les pouvez prendre tout à votre aise, dans un acte, dans une simple affiche, et même, en voyage, sur votre passeport : c'est la gentilhommerie bourgeoise. Il n'est pas jusqu'aux lettres qui ne portent aujourd'hui sur l'adresse : *à M. Philippe, rentier* ; *à M. Clément, propriétaire* ; comme pour avertir que l'on écrit à M. *Philippe* qui a des rentes, à M. *Clément* qui a de la terre et des maisons. N'est-ce pas, en effet, une chose fort utile à savoir ? Eh ! oui sans doute, dans un siècle où la richesse est tout l'homme ! Avec de bonnes fermes et de bonnes maisons vous avez toujours assez de mérite, et votre place de citoyen est toute faite; vous devenez, de plein droit, notre représentant et notre mandataire. Celui qui arrive le plus vite à la fortune est celui que nous tenons pour le plus habile et le meilleur. C'est à la bourse maintenant que se prennent les quartiers de noblesse : nous ne nous informons non plus des bonnes qualités d'un homme que de ses aïeux; il nous suffit qu'il ait en coffre-fort de bonnes pistoles. Qui que tu sois, usurier ou fils d'usurier, agioteur, banqueroutier, tu peux aspirer à tout, tu peux choisir à la ville ou à la cour une épouse, et la plus belle sera pour toi. Encore ne te manquera-t-il aucune de ces petites faveurs qui payaient jadis le sang du soldat, et récompensaient une belle action : ce sera pour toi dragées et cadeaux de noces.

Là où l'on bâtit des temples à l'agiot, il était juste de fonder sur la fortune des titres et des priviléges.

Le salon de Damerville.

Damerville sera tout ce qu'il vous plaira,
un démocrate, un révolutionnaire, un jacobin; mais *Damerville* n'aime ni les titres ni les gens de qualité. Il raillait assez volontiers les grandeurs impériales, et
il n'épargne point encore aujourd'hui les
marquis improvisés de la restauration. « Jamais, disait-il à certain ami qui s'embar-
quait pour l'Amérique, jamais hobereau
paré d'un titre né passera le seuil de ma
porte, et vous verrez des chambellans ser-

vir le président de l'Union avant que barons et marquis pénètrent chez moi. » Et *Damerville* parlait de bonne foi, et chacun croyait à sa résolution, parce que *Damerville* est un de ces hommes dont les opinions ne changent point. Mais aussi voyez comme tout change autour de nous ! Cet ami revient enfin d'Amérique, et d'abord il court embrasser *Damerville*, qui l'engage à dîner. Le soir, nombreuse et brillante compagnie ! On annonce chevaliers et barons, puis des comtesses, puis des vicomtesses, que sais-je ? tout le nobiliaire de l'almanach. « Depuis quatre ans, au plus, que je t'ai quitté, dit à *Damerville* son ami, il paraît que tu as fait bonne et solide paix avec les grandeurs aristocratiques. Ce n'est plus chez toi que gens de qualité, hauts et puissans seigneurs ; et cependant le président n'a encore à Wa-

shington ni pages ni chambellans! » A ce
dernier trait, lancé avec humeur, *Damer-*
ville part d'un éclat de rire. « Quoi! s'é-
crie-t-il, tu ne reconnais donc pas, à ton
tour, cette même société que tu laissas, il
y a peu d'années, si plébéienne et si bourgeoise ? *Henri*, le fils de mon épicier ?
Charles, le petit commis de la marine ?
Pavanos, le Médicis de notre époque ?
Angélique, la veuve de ce fournisseur de
l'empire, etc., etc. De pareils travestisse-
mens, tu en conviendras, étaient peu faits
pour me raccommoder avec les titres ; mais
je n'ai pas eu la force de rompre avec d'anciens amis, dont la folie m'inspire encore
moins de colère que de pitié. Et voilà pourtant, continua *Damerville*, ces hommes
que, sur le bruit d'une fausse renommée,
tu prenais peut-être en Amérique pour les

régénérateurs de la France et les plus fermes appuis du *libéralisme!* Nous-mêmes, qui les avons sous les yeux, ne sommes-nous pas dupes de cette grande mystification ? »

CHAPITRE V.

DE LA RELIGION EN FRANCE
ET DE SES PONTIFES.

———o———

Les Dieux s'en vont.

Les dieux s'en vont ! Mot admirable, dont
je veux, à mon tour, me servir pour faire
voir quel est parmi nous l'état de la société chrétienne. *Les dieux s'en vont !* Oui

certes ! mais lorsque nous les chassons nous-mêmes de leur temple , qu'ils ont placé dans le cœur de l'homme ; lorsque nous les mettons en dehors de nos lois et de nos institutions, qui ne doivent être que l'expression vivante de leur éternelle volonté. Ils délaissent les empires parvenus au déclin de la vie sociale, ils se retirent de ces vieux édifices en poudre ; ainsi que l'âme immortelle, à notre heure suprême, s'échappe et remonte vers les célestes régions.

Nulle société ne peut subsister sans religion ; et, disons-le, il n'y a plus de religion là où l'on cesse d'admettre une révélation. Car, en effet, la religion se chargeant non-seulement de créer les rapports de l'homme à l'homme, mais encore de l'homme à Dieu, il serait impossible, sans une manifestation expresse, qu'il s'établît

jamais de correspondance entre l'être fini
et l'être infini. Je ne vois dans le déisme
qu'une supposition gratuite de la divinité,
et une supposition non moins inutile de
l'immortalité de l'âme, si tant est que l'on
admette encore ce dernier point. Du moment où Dieu ne se révèle point dans une
loi authentique, chaque homme alors se
fait de sa capricieuse raison un prophète et une doctrine de fantaisie, et il
n'y a plus de religion, parce qu'il n'y
a plus ni communion de pensée ni lien général. C'est en vain que les nouveaux adeptes du *spiritualisme* accordent à l'homme
une intime et perpétuelle révélation, qui
n'aurait besoin pour éclairer notre intelligence ni des traditions sacrées ni du
fait religieux. De ce que nous tenons de
notre raison la faculté de comparer et de
juger, s'ensuit-il donc qu'elle soit en même

temps l'œil qui voit et la lumière qui éclaire? Ce n'est pas l'idée d'un Dieu qui est innée en nous, mais seulement la faculté de comprendre cette haute vérité, et ainsi des autres révélations.

Comme vous, hommes sincères et pieux chrétiens, je m'indigne de l'homicide triomphe de l'incrédulité; comme vous, je déplore la perte de nos saintes croyances qui, dans une commune ruine, vont s'abîmant avec les peuples et l'état! Mon âme est saisie de douleur, et je rappelle à grands cris le Dieu de nos pères qui délaisse ses temples. Mais là se bornent votre devoir et votre mission ; et, le premier, je condamne vos emportemens et les fureurs d'un sacerdoce bien plus empressé à défendre sa puissance temporelle qu'à faire revivre parmi nous le saint zèle de la foi. Il y a quelque folie à nous

vouloir encore traiter en chrétiens, nous
qui ne croyons plus à la révélation des
écritures ni à la divinité de Jésus-Christ.
La croyance des nations n'est point un
gage assuré de celle de leur postérité; la
foi ne se transmet pas comme un héri-
tage. Regardez autour de vous, choisissez
au hasard, et dites, la main sur la conscience, combien vous pouvez compter
encore de fidèles qui croient au fils de
l'homme? Il faut bien se rendre à la triste
vérité qui nous presse de toutes parts;
suivez-moi, et constatons un fait, mais
sans haine et sans aigreur. J'aperçois d'a-
bord la secte philosophique, ennemie déclarée de toutes les religions, et en particulier de la religion chrétienne, qu'elle
traite avec un audacieux mépris. Le parti
libéral, en apparence moins hostile, ne
montre guère plus de respect pour les dog-

mes fondamentaux du christianisme ; il se confie, pour le reste, à l'esprit du siècle et aux *progrès des lumières.* Si quelqu'un, de ce côté, veut me donner un démenti, je le prie de commencer par faire en bonne forme sa profession de foi. Ce n'est qu'un parti, direz-vous. Oui sans doute, mais un parti puissant, et qui décide à peu près de l'opinion publique. Pénétrez plus avant, descendez au cœur de la nation, et vous verrez que les plus sages mêmes ne veulent admettre le christianisme que comme une institution politique et comme un lien de convenance. Or, ceux-là ne sont pas plus chrétiens que les autres, qui mettent en quelque sorte de niveau la religion et l'industrie, et se contentent de lui faire une place parmi les *nécessités sociales.* Tournez maintenant à droite, vers le côté des saints, et vous trouverez en tête ce parti politiquement religieux, qui, sans avoir lui-même de convictions, cherche un appui dans la conviction des autres. Ils parlent sans cesse d'humilité, et ne donnent que des exemples d'orgueil; ils demandent chaque jour à Dieu *leur pain quotidien*, et ils ont soin d'emplir leurs greniers pour mille ans au moins. Voilà de singuliers disciples, il en faut convenir, pour perpétuer une doctrine qui enseigne avant tout le désintéressement et l'abnégation de soi-même: Enregistrez ensuite tous les dévots de bon ton, tous les grimaciers de cour, tous ces cagots qui défigurent la religion par de sottes et ridicules pratiques; et quand vous aurez mis dans votre van cette paille et cette ordure qui tiennent la place du bon grain, vous jugerez vous-même si le petit nombre qui reste de vrais croyans vaut bien la peine qu'on nous considère encore comme une nation chrétienne.

La religion mal défendue par ses ministres.

Non - seulement la destruction du sentiment religieux devient pour la société
entière une cause féconde de désordres
et de malheurs, mais il arrive encore que
chacun de ses membres, pris isolément,
perd la plus noble et la plus excellente
partie de lui-même. Toute faculté qui ne
s'exerce point tend nécessairement à s'a-
néantir; et l'homme, créé avec le sens
moral de la foi, n'offre plus qu'un être
incomplet du moment qu'il tombe dans

l'indifférence religieuse. C'est ce qui me fait dire que le prêtre, lorsqu'il défend avec intelligence la religion chrétienne, défend en même temps l'ordre social et les droits imprescriptibles de la nature. Il conserve les véritables principes de civilisation, et le germe précieux d'un perfectionnement que l'on chercherait en vain hors du christianisme. Qui défend Jésus-Christ, défend la plus haute pensée possible, et tout ensemble la dignité de l'homme et sa liberté.

Mais on ne sert bien ce maître qu'en le servant avec ses propres armes; ce n'est ni avec le glaive ni avec des chaînes de fer que l'on retient les peuples au pied de la croix. Le joug du Christ est doux et léger; n'employez donc que des liens de douceur et de prudence Si l'on vous demande à connaître votre Dieu, ne craignez point de le montrer sanglant et crucifié; mais gar-

dez-vous surtout de donner pour la vérité
vos étroites et ridicules pratiques, vos petits miracles d'hier et vos idolâtries de tous
les jours. Ne prêtez point à la sagesse des
formes rudes et grossières : les nations in-
crédules, dans leur corruption même, con-
servent une délicatesse qui exige des ména-
gemens. Jeunes prêtres, qu'avez-vous fait
de la religion de Bossuet, de ces hauts enseignemens et de cette majesté du culte qui
parlaient si dignement au cœur de l'homme?
Ah! que vous avez mis l'incrédule à son
aise avec vos puériles mysticités, avec vos
sacrés cœurs, vos congrégations et votre
Marie Alacoque. L'impiété sans doute est
grande, l'indifférence n'a point de bornes;
mais il y a quelque chose qui fait encore
plus de mal que tout cela : c'est l'ignorance
et l'ambition du sacerdoce.

Corruption du sentiment religieux.

Il n'y a qu'une croyance profonde et
sincère, qui puissé mettre l'homme d'accord avec lui - même, et marquer d'une
unité parfaite toutes les actions de sa vie.
Or, ce principe ne s'applique pas moins
aux peuples qu'aux individus, et l'on peut
d'avance affirmer que toute société qui
n'observe sa religion que par routine et
par habitude, tombera dans des contra-

dictions d'autant plus étranges que cette société se sera plus long-temps jouée du sentiment religieux. On verra, comme au temps actuel, le *libéralisme* prendre contre les Turcs la défense de la croix, tandis que les dévots se mettent en oraison pour Mahmoud; on verra nos saints accorder protection à l'hérésie, plutôt que de combattre avec le parti *libéral* pour les catholiques d'Irlande. Des deux côtés ce ne seront que vues et raisonnemens politiques, et personne, au fond, ne prendra souci des intérêts de la religion.

Cependant le jésuitisme, qui parmi nous dirige la croyance du parti dévot, ratifie ces monstrueuses alliances et les bénit! Mais le jésuitisme n'est qu'une manifeste corruption du sentiment religieux. On s'est plaint, non sans raison, de nos sophistes politiques : fallait-il donc pour leur

échapper se mettre à la merci des sophistes de religion? C'est par eux, c'est
par leurs subtiles et perverses doctrines,
que tant d'idolâtries souillent actuellement
la foi chrétienne, et que nos plus pures
et nos plus belles croyances se traduisent
en d'absurdes pratiques.

Il fut un temps où le petit-maître et
le grand seigneur patriotes, quittant la
ruelle et le boudoir, allaient au Champ
de Mars dresser les tentes de la fédéra-
tion. On les voyait, avec l'habit brodé et les
manchettes à dentelle, remuer les terres,
soulever les fardeaux, et s'armer tour à
tour de la pioche et de la cognée. Mauvais ouvrage que tout cela : jeux d'enfans,
sotte comédie, et rien de plus. Courez
aussi, dévots de salon, les processions
de confréries et de missionnaires ; re-
levez de vos propres mains les calvaires

abattus; chargez vos épaules d'énormes et pesantes croix! N'est-ce pas encore aujourd'hui faire de la religion comme on faisait jadis du patriotisme et de la liberté?

Il n'y a de culte durable et vraiment éternel que celui qui se rend, comme dit l'Écriture, en esprit et en vérité. Toute forme vieillit avec le temps, tombe en désuétude, ou se perpétue sans but et sans utilité, par la seule force d'un aveugle usage. On sait qu'autrefois les *ténèbres* appelaient à Longchamp la ville et la cour, et que tout Paris s'empressait à ce dévot pèlerinage. La révolution a chassé les sœurs de Sainte-Marie; elle a détruit leur couvent et leur église: il n'y reste plus trace de sanctuaire; et cependant on n'en continue pas moins, les trois jours de la semaine sainte, à se promener sur la route de Longchamp dans de magnifiques équipages, aux mêmes heures et à la même place : rien n'y manque, en un mot, si ce n'est l'objet même du culte. Combien d'autres pratiques dévotieuses qui, pour avoir encore une apparence de réalité, n'en sont pas moins, comme Longchamp, devenues une occasion de spectacle et de pompe toute mondaine !

Tandis que, dans leurs doctes leçons, de pédans philosophes posent des limites à la puissance de Dieu, règlent ses desseins ou nient sa providence, nous voyons le missionnaire catholique monter en chaire et se recueillir dévotement pour nous prêcher la croix de Migné et les miracles du bienheureux Liguori. Est-ce donc ainsi qu'il convient de défendre la religion outragée? Rien de plus grave en vérité que la gravité des fous.

Y a-t-il donc deux Saint-Esprit?

Sait-on comment fit, aux jours de la terreur, le clergé français pour conserver l'ancienne religion de nos pères? Il comptait alors pour peu de chose sa propre vie; il rendait témoignage sous le fer des assassins; il allait glorieusement à l'échafaud. Je ne connais en effet ni pieuse controverse ni sainte prédication qui aille droit au but comme le martyre : une dalle rougie de notre sang est la plus belle page que nous puissions

faire jamais. Admirez au contraire les
violences superbes où se laisse maintenant emporter le sacerdoce ; comparez
l'orgueil sans mesure de certains prêtres
avec les lâches complaisances dont ils
souillèrent sous l'empire leur auguste ministère, et vous connaîtrez la principale
cause du refroidissement des peuples pour
une religion que ne purent ébranler les
plus horribles persécutions. Le sacerdoce
ne paraît point avoir compris l'importance
du rôle que lui préparait la restauration.
Sa politique était simple et facile, comme
doit l'être en tout temps la politique
chrétienne ; il ne s'agissait alors que de
s'interposer entre les partis pour calmer
leurs haines et leurs fureurs. L'Église,
en remplissant une si belle et si noble
mission, assurait sa place à la tête du
troupeau de Jésus-Christ. Mais le clergé

a suivi une route différente : il s'est jeté
du côté de l'ambition ; il a élevé d'in-
tolérables prétentions, et il a pris tout
juste pour se déclarer infaillible le moment où la faiblesse et l'erreur perçaient
à jour le manteau de son infaillibilité.

Au milieu de ces perpétuelles contradictions où nous avons vu tomber le sacerdoce, voudrait-il bien nous faire connaître ce qui est mensonge et ce qui est
vérité? Faudra-t-il le croire s'il lui plaît
de démentir aujourd'hui ce qu'il disait
hier, et le croire encore demain lorsqu'il
parlera d'une autre façon? Ou bien sup-
poserons-nous au ciel deux *Saint-Esprit*,
pour donner en même temps autorité à
des discours et à des doctrines si di-
verses? Que penser, que résoudre? Si je
salue avec certaine Grandeur le retour
de la légitimité, maudissant et anathé-

matisant les jours funestes de l'usurpation, comment expliquerai-je ces autres paroles du même prélat : *Le ciel dans sa colère a renversé le trône des Bourbons, et dans sa miséricorde a élevé celui de Napoléon Bonaparte ?* Conviendrai-je, avec l'abbé Proyart, que l'attentat du vingt-un janvier *fut une expiation nécessaire* pour venger la Société de Jésus? Et nous mettant ensuite aux pieds de Napoléon, dirons-nous avec le saint abbé : que *Dieu a parlé au cœur de cet homme extraordinaire qui remplit le monde du bruit de son nom?* dirons-nous *qu'on se croit reporté aux beaux jours de Charlemagne?*

Dois-je présentement éclater avec l'abbé de la Mennais contre la révolution et Bonaparte : *Ce fou, cet ange exterminateur, qui ne voulait point de législation catholique?* Ou, me rejetant en arrière

de quelques années, m'écrierai-je avec le
même docteur : « O France! réjouis-toi ;
« tes calamités enfin sont à leur terme!
« Voilà que des extrémités de l'Afrique la
« Providence t'amène, comme par la main,
« à travers les mers, un de ces hommes
« puissans en œuvres qui, *destinés à la*
« *représenter sur la terre*, apparaissent
« pour tout rétablir quand tout semble
« désespéré. A sa voix les ruines de la
« société entrent en mouvement, chaque
« débris va trouver sa place ; et l'édifice
« social se reconstruit de lui-même. Il
« guérit les plaies qu'il n'avait point fai-
« tes ; il essuie les larmes qu'il n'avait
« point fait couler. La religion et la mo-
« narchie renaissent ensemble, et la ré-
« volution est terminée »? Or je suppri-
me ici force coups d'encensoir du même
abbé, qui, pour plaire à Bonaparte, fai-

sait litière des plus grands capitaines, et traitait comme petits enfans Turenne et Condé. Bref, autant vaudrait compter les points et les virgules de son livre que les lâches adulations qu'il renferme. Et ces chants de triomphe, ces mystiques et sacriléges apothéoses, ridicules parodies des hautes et sublimes inspirations de Bossuet, étaient alors le langage habituel des mêmes prélats et docteurs qui maintenant nous prêchent et nous gourmandent en un tout autre sens. Selon l'antienne du jour, ils font la Providence ou bonapartiste ou bourbonnienne; ils lui donnent indifféremment pour fils aîné l'usurpateur ou le *légitime*; ils ouvrent le ciel, ils ouvrent l'enfer; ils s'accordent à tout, pourvu qu'ils soient de tout. Ils trouveraient encore de bonnes raisons pour adorer *l'ange exterminateur*; pour fêter et

servir *Belzébut*, si d'aventure le pied four-
chu du réprouvé n'eût, au bruit de leurs
éloges, glissé sur le trône.

C'était à qui jusque-là prodiguerait au
grand Napoléon les plus magnifiques épi-
thètes de sainteté; c'était à qui lui ferait
la meilleure place dans la légende : et voyez
pourtant! la nation n'avait pas encore fini
de tourner en son honneur tous les grains
du chapelet, qu'il fallut vite recommencer
de nouvelles patenôtres pour Ignace et
Montrouge. Nous ne parlons point ici de
la foule obscure des lévites, minces des-
servans de ville ou de campagne, mais de
grands et illustres prélats faisant pour tous
les régimes lettres pastorales et mandemens. Je pourrais même au besoin citer
de rares et singulières leçons de légitimité
que donnaient à la jeunesse nos plus fervens *apostoliques*. Bien différent était alors

le langage que mettait dans leur bouche
le Saint-Esprit, quand ils enseignaient, par
forme de catéchisme, que « honorer et ser-
« vir notre empereur est honorer et servir
« Dieu même; — que ceux qui manque-
« raient à leur devoir envers notre empe-
« reur se rendraient dignes de la damna-
« tion éternelle; — que les devoirs dont
« nous sommes tenus envers notre empe-
« reur nous lient également envers ses suc-
« cesseurs légitimes, Dieu, par une dispo-
« sition de sa volonté suprême et par sa
« providence, donnant les empires non-
« seulement à une personne en particu-
« lier, mais aussi à sa famille. » Eh! messieurs du sacerdoce, comment avez-vous
pu si promptement changer en anathèmes
vos prières et vos apothéoses? A quelle
marque nouvelle avez-vous reconnu que
ce même Napoléon n'était plus *le fils aîné*

de la Providence, l'homme de sa droite, vous qui aviez béni ses drapeaux et con-sacré son usurpation, vous qui ne cessiez chaque jour de l'exciter à de nouveaux combats et à de nouvelles-conquêtes?

Et cependant on a reculé plus loin encore là science des plats éloges et de la trahison. Je connais de par le monde un clerc, un abbé, chrétien je ne dis pas, mais haut et puissant archevêque, qui, pour donner à Napoléon de l'eau bénite de cour, se qualifiait en sa présence *pontife du dieu Mars.* C'était d'un coup vider le bénitier. Plus tard, il est vrai, le même apôtre, prodiguant canoniquement l'injure et le sarcasme à son maître malheureux, le surnomma *Jupiter-Scapin.* De ce jour seulement date son pontificat; car notre abbé ne sera lui-même toute sa vie qu'un *pontife-Scapin.*

Or j'en reviens à mon dire : que penser, que résoudre ? De quelque côté que je me tourne, la damnation n'est-elle pas à ma porte ? Si je ne crois point à l'infailli- bilité de l'église, je suis damné ; et si cependant j'ai le malheur de croire aujour- d'hui ce qu'elle m'enseignait hier, je suis encore damné. Si j'obéis à ses comman- demens, je me trompe ; et s'il m'arrive de penser qu'elle se soit la première trompée, me voilà perdu. Pour lever donc tout embarras, je préfère accuser d'imposture ceux-là qui se vantaient de si bien sonder la volonté de Dieu et les secrets desseins de sa providence ; je les tiens pour faux oracles et prophètes de mensonge, gens hypocrites qui ne cherchent dans nos livres saints que des textes à l'adulation et des autorités pour toutes les tyrannies. Des membres gâtés du sacerdoce peuvent

incliner à leur gré les principes, changer
de discours et changer même de croyances; mais la parole de vérité ne s'altère
point, et la religion, au milieu de ces
contradictions, demeure toujours sainte
et immuable comme Dieu même. Nous
devons y persévérer et persévérer sincè-
rement, malgré les mandemens de nos
prélats, les variantes de leur catéchisme,
et les panégyriques de M. de la Mennais.

Rigueurs du Sacerdoce.

On dirait que le sacerdoce, conspirant aussi contre la foi qui s'éteint, cache sous le voile du temple les miséricordes de Dieu, pour ne nous montrer la religion que dans ses austérités et ses terreurs. Comme le pharisien des derniers temps, le prêtre du Christ nous ruine par ses prières et nous afflige par son orgueil. Il conteste, il dispute dans les lieux publics; il met à la place de la charité l'intolérance fougueuse, il bannit du hameau les innocentes

joies, et refuse à l'homme de bien la sépulture. J'ai ouï le prêtre en chaire regretter les bûchers de l'inquisition ; je l'ai vu,
furieux, éperdu, calomnier et maudire le
troupeau qu'il avait charge de sauver. Allez
au sud, allez au septentrion, partout même
colère et mêmes emportemens. La paix du
Christ ne se trouve nulle part, non pas
même parmi ses apôtres. Je change de province, je change de prélats, et malheureu-
sement le mal ne change point. Aujourd'hui
que le hasard me conduit aux rives de l'A-
dour, je crois y trouver le repos et le bonheur, et de nouvelles plaintes troublent les
échos des Pyrénées. *Strosius*, comme ses
confrères, a proscrit les jeux et la danse,
il a jeté la tristesse au cœur de ce peuple
de bergers, qui, selon l'usage de ses pères,
descend le dimanche de la montagne pour
prier et se divertir. De vénérables prêtres,

pasteurs indulgens, sont privés de leurs églises; un des plus célèbres pèlerinages de la contrée a été mis en interdiction. Et puis *Strosius* tient tête aux gens du Roi, et pour forcer l'état à bâtir un nouveau temple il commencera par fermer aux fidèles la porte de l'ancienne église. La piété la plus tendre et les plus vives instances ne toucheront point monseigneur, non plus que les angoisses de l'infirme et du vieillard, qui se prosternent au seuil de la chapelle solitaire, et sur ses rustiques degrés murmurent tristement les prières qu'on leur refuse si près de la tombe. Qu'importe à monseigneur, pourvu qu'il fasse montre de son autorité?

En un mot, je n'aurais point fini s'il me fallait prendre en détail toutes les sévérités et les rigueurs de ce clergé, qui, d'un bout à l'autre de la France, semble avoir déclaré la guerre aux fidèles. Il n'est ni hameau, ni bourgade, ni cité populeuse qui soit à l'abri de sa domination superbe; et cependant nulle part elle ne semble plus intolérable qu'au milieu de ces vastes et profondes solitudes, où la puissance de Dieu parle seule pour ainsi dire au cœur de l'homme. Venez, belliqueux prélats, qui tenez encore dans vos mains pastorales la pacifique houlette des bergers; venez ici méditer sur nos communes vanités, en présence de ces lieux sauvages où se retrouve comme à son berceau la grande pensée chrétienne. Que sommes-nous, vous et moi, *Strosius*, au milieu de cet océan de ruines et de destructions, qui sous toutes les formes nous attestent et notre néant et le peu de place que nous occupons dans le monde? Combien de grandeurs évanouies

et de dominations éteintes, depuis que
l'inexorable main du temps, qui nous
dessèche comme une feuille d'automne,
a creusé le lit de marbre et de granit
où bondit le torrent écumeux ! depuis que
ces vastes rochers sont descendus dans l'a-
bîme, et que, d'immenses forêts croissent
sur leurs antiques débris ! Combien d'i-
nutiles projets et de gloires déçues, depuis que cette mugissante cascade, comme
le grand sablier de l'univers, mesure dans
sa chute rapide la vie des peuples et la durée
des empires! Quelle méditation d'oratoire,
ô *Strosius*, et quelle page de vos sermons vaudra jamais une seule des pensées qu'inspirent à l'homme ces sublimes
horreurs? Voyez-vous, sur la cime des
monts, le pâtre solitaire s'incliner aux derniers feux du jour? jamais l'intolérance
n'approcha de son cœur. Son maintien

est grave, sa prière est silencieuse; voilà
le culte du vrai Dieu dans toute sa pompe.
Parlez encore le langage des bergers, hommes superbes, si vous voulez ramener à
vous les peuples contristés; usez des douces paroles de ces pâtres sublimes qui
réconciliaient le monde avec Jéhova, et
rappelez-vous ce divin pasteur, votre maître et le mien, qui disait à ses apôtres :
« Paissez mes brebis et ne dominez point
leur foi. » Mais où est le pasteur qui
sous la pourpre se croit obligé à de pareils commandemens ?

Humilité cléricale.

Et vous aussi, charité, humilité, douces filles du ciel, vous êtes à votre tour devenues, par une insigne profanation, l'ironique devise des ambitieux desseins; comme en d'autres temps servirent de prétexte à tous les crimes ces noms augustes de fraternité et d'égalité, qui ne devaient inspirer aux hommes que de nobles et généreuses pensées! Serons-nous donc éternellement condamnés à ne vivre que d'hypocrites formules, à faire abus de tout, même du sacrilége? Naguère c'était au nom de la liberté qu'on se mettait en possession de la tyrannie; c'est maintenant au nom de l'humilité que l'homme d'église court aux honneurs et au pouvoir. Avec deux cent mille livres de rente on est peu satisfait de son humilité, si elle ne donne encore rang à la cour et place dans les conseils du prince.

Expliquez-nous, *Sulpicius*, et vous aussi *Fulmen*, comment on passe si rapidement des derniers degrés de l'apostolat aux plus hautes charges du sacerdoce et de l'empire; dites-nous surtout par quel étrange miracle tel qui toute sa vie ne fit que de mauvais sermons se trouve maintenant assis parmi les doctes élus de la science et des lettres: Si, comme le disent de bonnes âmes, ce ne sont que douleurs et mortifications nouvelles pour ceux que l'on revêt ainsi de la robe de gloire, quel malin esprit les poursuit donc de sa funeste obsession ? Où s'arrêtera le cours de si longues et si rudes épreuves ? où sera le terme enfin de tant de coups in-attendus partis de l'enfer ? Ah ! plaignons ces saints apôtres que le monde poursuit de ses pompes et de ses grandeurs ; déplorons la fortune superbe où se voient douloureusement élevés les plus humbles des serviteurs de Dieu. Chaque refus qu'ils font leur vaut un titre de plus, combien de fois encore les obligera-t-on à refuser ?

O courage héroïque ! De même que les soldats français s'empressaient en un jour d'assaut de remplacer celui que venait de frapper le coup mortel, de même nos jeunes abbés, pleins de la vaillance de saint Antoine, et forts de si beaux et si glorieux exemples, se présentent à

l'envi pour combattre corps à corps le
redoutable Satan. « Comble-nous de tes
« faveurs, s'écrient-ils, offre-nous, comme
« à notre divin maître, des trésors et des
« royaumes, et tu verras, incarné démon,
« si toute ta gloire nous fait reculer d'un
« pas. Les enfans d'Ignace ne redoutent
« guère les plaisirs d'un monde qu'ils ont
« vaincu. Nous pensons qu'il n'y a rien
« de trop bon pour le véritable chrétien;
« pour lui seul coulent le lait et le miel
« de la terre. L'intérêt du ciel bien en-
« tendu veut que les saints possèdent le
« monde et ses richesses : c'est le moyen
« le plus sûr de faire disparaître l'impie. »
Ainsi parlent, tout bouillans de valeur,
nos plus jeunes lévites, et en même temps
ils courent braver démons et tentation. Les
regards fixés sur leur général, ils suivent
de loin son vol rapide, ils se mettent en

devoir d'occuper les postes les plus péril-
leux, c'est-à-dire les charges et les emplois que, nous autres mondains, nous
prendrions pour de hautes faveurs de la
fortune. A la cour, à la ville, tous les
saints sont en mouvement; mais on les
reconnaît d'abord à cette humilité profonde avec laquelle ils acceptent les
grâces et les honneurs.

D'autres saints vont en des lieux sauvages se cacher sur les traces de Rancé,
jaloux d'attacher à leur mémoire la glorieuse invention de quelque austérité
nouvelle. Ils assemblent et disciplinent
des troupes de cénobites, et reviennent
ensuite à Paris dresser leurs plans de
campagne. Car toute vertu d'église en a
fait son quartier général, et de là par-
tent les ordres qui doivent foudroyer
l'éternel ennemi du genre humain. La

réforme, d'ailleurs, ne sied point au ré-
formateur; c'est charge à lui de vivre
pour enterrer et bénir ceux que fait
mourir la pénitence. Nos abbés, dans leur
haute dévotion, se donnent bien d'autres
soins que de manger du pain noir ou
chanter la nuit; il faut d'abord qu'ils
commencent par masquer leur sainteté,
pour mieux prendre au filet le siècle et
ses vauriens. J'ai vu le nouveau Rancé,
je dirai vu de mes propres yeux. C'est
un grand et bel homme, d'un maintien
tout-à-fait noble et élégant, qui dissimule
sous un teint fleuri les austérités du
cloître; et sous un regard fier et impo-
sant toute l'humilité de son cœur. Sans
doute il ne quitte ni la haire ni le cilice,
mais les énormes sabots de la Trappe ont
fait place à la boucle d'or, et la bure
des solitaires à une riche douillette de

soie tirant sur le pourpre. Or, le moyen est bon pour faire goûter la pénitence à la ville, et même à la cour. Mais quel supplice pour Rancé de vivre à Paris, privé de la vue de cette fosse toujours ouverte, objet le plus cher de ses vœux, et réduit à coucher dans un bon lit sur l'édredon! On ne saurait comprendre tout ce qu'il souffre loin du monastère, lui qu'une perfection plus grande appelle aux travaux les plus rudes et aux devoirs les plus vils; car c'est l'abbé qui doit balayer les cellules de ses moines, et vider ce que nous appellerons les vases d'ignominie. Encore un nouveau martyr à plaindre! Eh! oui, sans doute. Mais voyez quel malheur! le martyre devient aujourd'hui si commun, que c'est pitié vraiment de voir le peu d'estime qu'on en fait.

CHAPITRE VI.

LITTÉRATURE DU SIÈCLE.

Corruption des doctrines littéraires.

Et moi aussi je m'indigne de voir la
sottise et la médiocrité conspirer ouvertement contre le génie! et moi aussi je
les tiens pour insensées et barbares ces

funestes doctrines qui menacent d'une prochaine destruction les monumens sacrés de notre gloire littéraire! Mais au milieu de tant de misères, que signifient, je le demande, cette vaine colère et ces ridicules emportemens contre une école qui n'a d'autre tort, après tout, que de gâter la littérature, comme avant elle on avait corrompu nos lois et nos mœurs, et ces sentimens généreux qui seuls font l'ornement et la dignité de l'homme? C'était alors qu'il fallait défendre contre d'audacieux novateurs la vieille sagesse des temps, maintenir le principe sacré de nos institutions, et forcer la philosophie même au respect de ces hautes et puissantes doctrines qui portent dans leur sein tous les germes de la vie sociale. On n'aurait point à déplorer aujourd'hui, parmi tant d'autres malheurs, la perte du

goût et la décadence des lettres. Vous
vous étonnez qu'une téméraire ignorance
ose outrager la langue de Pascal et de
Bossuet, et vous avez souffert que l'on
proscrivît indignement leurs dogmes et
leurs croyances sublimes! Vous vous met-
tez en courroux maintenant contre une
révolution de mots et de style, dont se
blesse votre vanité, et naguère vous n'a-
viez point assez de bras pour applaudir
à ces honteuses innovations qui tour
à tour nous firent démagogues, esclaves
et valets! Ne savez-vous donc pas que
la corruption des lettres, chez un peuple, se lie à toutes les autres corruptions,
et qu'il faut bien enfin se résigner à
n'écrire plus que comme des barbares ou
des fous, quand depuis long-temps on
ne sait parler et agir qu'en dépit de la
droite raison? Consolons-nous sur nos

ruines glorieuses, et disons à nos grands hommes un éternel adieu, car nous ne reverrons ni le siècle d'Auguste ni le siècle de Périclès. Il est beau du moins, avant de mourir, d'embrasser encore la statue des dieux.

Ce n'est pas que je conteste à la nouvelle école l'à-propos de ses graves et sombres inspirations; il y a plus de raison qu'on ne le pense dans les grandes douleurs que fait éclater notre époque. Comment ne nous plairions-nous pas aux vives peintures des misères humaines, quand tout est misère et affliction autour de nous, et lorsque la chanson même, fidèle image de nos mœurs, reçoit de l'immortel Béranger le caractère auguste et solennel de l'antique épopée? Mais je ne veux point non plus que l'on revendique au nom du siècle, et comme un mérite nouveau, cette empreinte de tristesse et de mélancolie dont l'exagération va maintenant jusqu'au ridicule. Nos maîtres en ce genre, comme en tous les autres, se trouvent parmi les grands écrivains qui ont honoré la France, et qui surent d'abord si bien créer la langue nationale qu'il nous est impossible de lui donner plus de force et d'énergie et tout ensemble plus de grâce et de finesse. Ils vivront dans la postérité la plus reculée, comme vivent parmi nous encore ces anciens si dignes de notre culte; et ils seront les éternels modèles sur lesquels on jugera nos propres ouvrages, selon que nous aurons plus religieusement conservé la beauté des formes antiques, et la pureté d'une diction que l'ignorance seule peut croire arbitraire et variable. Rien n'est plus aisé sans doute que de tuer la langue d'un peuple; mais ceux - là qui font métier d'en corrompre les sources n'obtiendront jamais, à coup sûr, les honneurs de la langue morte.

C'est aujourd'hui la mode d'insulter Racine et Boileau, et de confondre dans un commun mépris Delille et Voltaire. Il n'est si petite muse qui ne leur donne son coup de pied, et ne se tourmente à briser leurs autels. On emprunte à Ronsard son inintelligible jargon, et tout doucement nous en revenons aux bégaîemens de l'enfance, après avoir parlé deux siècles la langue des hommes. Il a suffi que deux ou trois écrivains se soient égarés dans cette route pour y attirer ensuite la tourbe grimacière des singes, qui pâment au mauvais goût et font jouer à ressort le masque de la tristesse. Ils ont ouï dire que la mélancolie faisait aujourd'hui fortune, et les voilà qui se sont mis aussitôt à hurler sur tous les tons de noires complaintes et de grotesques élégies. Comme tout le monde, cependant, ils sont de fêtes et de banquets ; mais la poétique de l'école veut que dans leurs écrits ils pleurent et jettent des cris lamentables. Leur principale affaire est de se peindre aux regards du public, de nous conter leurs petits secrets, de nous faire entendre surtout qu'ils sont chargés d'ennuis, que la pâleur règne sur leur front et le désespoir dans leur âme. Ils ont tous de grands sourcils noirs et des yeux baignés de larmes, qu'ils n'osent guère ouvrir qu'à la chute du jour pour contempler des ruines et des tombeaux. Ils sourient à la lune qui se voile d'un nuage, ils sourient au léger fantôme qui se glisse derrière la vieille chapelle ; ils habitent les noirs donjons et les gothiques tourelles avec les spectres et les diables, compagnons obligés de tout bon *romantique*. Pour faire ses preuves, il faut en mettre à la fête, au bal et au banquet, il faut que tous vos vers sentent l'odeur de la tombe, même les couplets de noces et de baptême.

Or qui prend l'engagement de nous épouvanter toujours finit bientôt par nous faire rire à ses dépens; l'écueil du *romantisme*, c'est le ridicule. Mais le ridicule n'atteindra jamais Hugo ; pöète aux chants bizarres, il est vrai, mais toujours poète, et quelquefois sublime. On ne se rit point de ces génies audacieux dont la mission, comme celle d'Attila, est de tout renverser et de tout détruire. Ainsi nous apparaît Hugo, plein de son œuvre, fier et habile destructeur, immolant sans pitié les nobles muses de la Seine au délire sauvage de sa muse en courroux.

Caractère particulier de l'école romantique.

Il n'est guère de provinces où, tout près d'une route large et spacieuse tracée avec art, vous ne trouviez encore quelque vieux chemin étroit et raboteux, abandonné depuis que la civilisation elle-même a pris soin de rendre plus faciles les communications d'un grand peuple. Supposez actuellement un voyageur qui s'engage à plaisir dans ce sentier détourné, qui le gravit péniblement au milieu des ronces et des épines; un voyageur assez insensé pour crier de toutes

ses forces qu'il est dans la bonne route,
qu'il a rencontré le meilleur chemin, et
vous aurez une juste idée de ce que fait
en littérature l'école *romantique.*

Le marquis d'Argenson écrivait, il y a
près d'un siècle : « Il est bien difficile
« aujourd'hui d'avoir de l'imagination; il
« y a tant de gens qui en ont eu, que qui
« voudrait faire du tout-à-fait neuf ne
« créerait que des monstres ridicules ou
« épouvantables. » Or voilà précisément
ce qui est arrivé à l'école *romantique.*

Je ne signerais point Mérope, dit l'un;
Voltaire, dit l'autre, *n'est qu'un poète
d'épicier. Je ne supporte plus Racine,* reprend celui-ci; *je préfère Jocko à ses en-
nuyeuses tirades.* Et tous ensemble : *Racine enfoncé! Racine enfoncé!* Ainsi parle
l'école *romantique.*

« Avant tout la vérité des mœurs! »

s'écrient les *romantiques*; et, pour joindre l'exemple au précepte, voilà que leurs entrepreneurs de drames nous ont fabriqué des pièces où tout est fable et mensonge, où, d'un bout à l'autre, le caractère des personnages se trouve en opposition avec les mœurs et l'histoire du temps, si l'on en excepte l'habit peut-être et quelques juremens *historiques*. On y change le courage en lâcheté, de nobles résolutions en odieuses perfidies, la clémence même en brutale colère; et le moindre inconvénient peut-être est que l'auteur y fasse agir et parler ses héros comme il agirait et parlerait lui-même. Ne demandez point à de tels écrivains le goût épuré et cette finesse de tact qui s'acquiert dans la bonne compagnie; ils croient être dans le vrai dès qu'ils ont mis l'antichambre à la place du salon.

« Boileau, vous le savez, ne fut qu'un *froid rhéteur*, et dix vers de Ronsard ou de Dubartas valent mieux que tout le Lutrin. Nous ne comptons guère en historiens que Froissard ou d'Aubigné ; et c'est chose convenue que Bossuet et Voltaire n'ont que *quelques pages*. Quant à l'antiquité, miséricorde ! qu'est-ce que Tite-Live ? qu'est-ce que Tacite ? *Pour moi*, disait un de ces messieurs, *je fais bon marché de Thucydide*. » Ainsi parle des plus beaux génies de la Grèce la nouvelle école. Elle les lira plus tard...

... Apparemment que sur les ruines du Capitole les Romains dégénérés s'instruisaient à de pareilles leçons, lorsqu'ils laissèrent se corrompre avec leur propre langue les lois et les mœurs, et le culte qu'ils rendaient aux dieux !

Les écoles historiques.

Dans ce siècle impatient de toute ré-
gle et de tout frein, on ne s'en prendra
pas seulement aux belles formes et à la
pureté du langage, mais on voudra renverser jusqu'aux principes naturels de la
science, pour mettre en leur place la
souveraine volonté de l'homme, sa mo-
bile et sceptique raison. Le désordre et
l'esprit de vertige s'introduiront dans les
plus belles parties de la littérature, gâte-
ront tous les ouvrages, rendront absurdes

toutes les compositions, même l'histoire,
dont le principal objet, a dit Tacite, est
de préserver de l'oubli tout ce qui se dit,
tout ce qui se fait de bien, et de contenir
le vice par la crainte de l'infamie et de
la postérité. Celui-ci vous enseignera philo-
sophiquement « que le bonheur, en
« ce monde, n'est donné qu'à la vertu;
« que le malheur n'est imposé qu'au vice. »
Encore ne sera-t-il pas l'inventeur de
cette pernicieuse morale, que professaient
avant lui les hypocrites amis de Job. Il
vous dira « que le grand homme vaincu.
« est un grand homme déplacé dans son
« temps; qu'il faut applaudir à sa dé-
« faite. » Et, presqu'au même moment, il
en viendra quelque autre qui, faisant métier de flétrir les vainqueurs, n'écrira
l'histoire que pour célébrer les vaincus,
quels que soient d'ailleurs la cause de

leur défaite et le mauvais emploi qu'ils auront fait de leur puissance. Il ne respectera ni le vaste génie de Charlemagne, ni la gloire si douce et si pure de Saint-Louis ; mais dans sa philosophie tout marche à l'aventure, et le ciel n'exerce aucune influence sur les affaires humaines. 'Or, j'avertis les écrivains des deux écoles qu'ils se donnent bien du mal à embarrasser une question, qui depuis trois mille ans bientôt est jugée par cette parole à la fois si simple et si sublime : « Les billets du sort se jettent dans un « pan de la robe ; mais c'est le Seigneur « qui règle tout ce que l'on décide par « cette voie. » Et cependant l'état, complice et fauteur des plus détestables doctrines, ouvrira lui-même la tribune d'où le poison coule à grands flots sur le peuple ; il prendra sous sa protection les bar-

bares alliés de l'idéologie tudesque; il
prodiguera les pensions et les faveurs à
ceux qui se chargent de défigurer l'histoire et d'insulter à la majesté des croyances religieuses. N'avons-nous pas vu naguère un ministre de la maison du Roi
souscrire pour les bibliothèques royales
aux œuvres d'un philosophe qui prêche
ouvertement le matérialisme?

Une autre école, prenant le roman
pour modèle de ses fades compositions,
a imaginé de dépouiller Clio, vierge aux
chants immortels, de la haute magistra-
ture qu'exercèrent en son nom Thucydide et Tacite. Dévouée aux petites peintures de genre, cette école repousse
dédaigneusement la moralité des récits,
et ne s'interdit pas avec moins de scrupule les vues et les grandes pensées politiques; si bien que l'histoire, que les

anciens appelaient l'institutrice des mœurs, *magistra vitæ*, descendue des hautes régions de la philosophie, semblerait n'avoir plus maintenant d'autre mission que de rajeunir de vieilles et burlesques chroniques, toutes piquantes de barbarie. Elle devient ignoble et futile, elle se dégrade comme les mœurs et les doctrines du siècle. On nous veut intéresser à des hordes errantes et vagabondes, obscurs débris de la race gothique, que l'on est convenu d'exhumer avec leur génie cruel et farouche; et les auteurs d'une si pitoyable fantasmagorie, qui prétendent avoir suivi nos pères dans leurs transformations sociales, nous donnent ensuite pour de l'histoire ces puériles et grotesques récits. Telle n'est point cette histoire institutrice de la vie, que les Grecs, amis d'une noble simplicité, avaient placée sous l'invocation des muses. De grandes et belles actions, des morts généreuses, de puissans modèles de vertu, et le crime, avant tout flétri jusque dans ses prospérités, voilà ce que doit sans cesse proposer aux nations le véritable historien [1].

(1) Ainsi marchent encore sur les traces de l'antiquité les Jay, les Villemain, Thiers, Rabbe, Mignet, Châtelain et Auguste Fabre, dont le nom, déjà cher aux muses, rappelle les succès et les triomphes d'un frère que l'Académie devrait depuis long-temps compter dans son sein.

Conscience politique de quelques historiens.

Lorsque j'examine certaines histoires de notre temps, je ne sais ce que je dois le plus admirer, ou de l'impudence des auteurs, ou de la stupide facilité d'un public toujours prêt à ratifier des jugemens imposés par la bassesse et la mauvaise foi. Les faits mêmes perdent le caractère propre de leur gravité, et ne s'enregistrent maintenant que provisoirement et sous condition. L'historien passe sa vie à les remanier au gré des passions, et au profit des pouvoirs nouveaux qui se succèdent en France avec tant de rapidité. La seconde édition n'est qu'un prétexte pour démentir la première; on en met encore, s'il le faut, une troisième au pilon; et d'éditions en éditions on arrive à bâtir son livre sur une autre face : la postérité s'en tirera comme elle pourra. Nouvel embarras pour les scoliastes futurs : nous avons quelquefois passé si vite d'un régime à l'autre que les auteurs, pris au dépourvu, n'ont eu que le temps de faire ce qu'on appelle des cartons, c'est-à-dire de changer par-ci par-là les pages mal sonnantes; d'où il résulte qu'entre deux exemplaires de la même édition le texte se contredit encore, et donne lieu à des leçons différentes. *Carolus*, par exemple, vous apprendra comment, à force de cartons et de réimpressions, il a trouvé le

secret de remplacer, dans son histoire de
la Constituante, les éloges de la république par ceux de Napoléon, et les outrages au comte d'Artois par un tribut d'enthousiasme à Charles X. Il vous dira
comment, en 1821, dépouillant le vieil
homme, il corrigeait son style révolutionnaire par cette nouvelle leçon : « La li-
« berté de la presse, en y comprenant
« les écrits périodiques, avait été conquise
« sur un gouvernement intimidé, quatre
« mois avant la prise de la Bastille; ce
« qui suffit pour expliquer la prise de la
« Bastille et toute la révolution. » Puis
notre historien vous dira comment encore,
quelques jours plus tard, il a recommen-
cé pour cette même liberté de la presse
un combat à outrance, d'où lui est enfin venu le glorieux surnom de vengeur
de la patrie et de *Miltiade des lettres*.

Je ne rappellerai point, *Carolus*, que vous fûtes censeur dramatique, censeur journaliste, censeur littéraire enfin; que vous le fûtes sous l'empire, et que vous l'étiez encore hier sous le prince légitime : ne parlons plus du passé, vous voilà maintenant un héros, un véritable foudre de guerre; mais vous plairait-il nous dire à quel rôle désormais vous vous en tiendrez, ou de *Miltiade* ou de *Lebègue* [1] ?

Le vent de l'adversité soufflerait-il, par hasard, contre nos soldats et notre vieille gloire militaire? Vous verrez tout d'abord *Burgundus*, rompant avec le passé, se mettre à discourir de la bonne manière sur la révolution et sur les *victoires despotiques et sanglantes de l'empire*; il ne parlera que d'expiations pour la France,

____

(1) Célèbre censeur de l'ancienne monarchie.

et lui reprochera vertement *cette fièvre de gloire et d'ambition qui avait enivré les esprits,* etc., etc. Ce sera de l'histoire, si vous voulez; mais l'histoire se ployant à de serviles intérêts, l'histoire écrite avec une plume flexible et complaisante, taillée sous toutes les polices et courant pour toutes les puissances. Fils d'un préfet de l'empire, et préfet lui-même en ces temps de *fièvre et d'enivrement,* *Burgundus* n'avait sans doute pas alors reçu la mission d'historien, et je pense encore qu'elle ne lui serait point venue si fière et si philosophique sans nos désastres de Russie et la chute du *despote.* Il eût été peu séant, en effet, de blâmer historiquement celui dont on exagérait administrativement les ordres et les moindres volontés, et que *Burgundus,* en particulier, se piquait de servir dans des missions si délicates que peu de personnes se fussent souciées de les remplir. Ceux qui ont eu le malheur de faire du despotisme avec Napoléon, ceux qui, comme *Burgundus*, ont fait signer au *glorieux empereur* leur contrat de mariage, perdent le droit aujourd'hui de l'attaquer dans l'histoire. Les valets, d'ordinaire, ne sont pas admis à témoigner contre leurs maîtres.

Mais, après tout, est-ce jouer le rôle d'historien que de se mettre à la merci de toutes les inspirations de fortune et de vanité? Est-ce exercer dignement une si haute et si noble charge que de ne prendre conseil que des caprices du pouvoir, ou des caprices encore plus grands de l'opinion? Des fonds secrets sont toujours en réserve pour escompter les pages de nos modernes Tacites, et pour nourrir aux frais de l'état leur généreuse impartialité. Croyez ensuite à leurs annales !

Industrie littéraire.

Il n'est peut-être pas au monde de plus vil métier que celui d'auteur, lorsque, pour s'enrichir, un écrivain consent à faire trafic de son esprit et de sa pensée. Odieuse et sacrilége prostitution, par laquelle l'homme met aux gages d'un autre homme, non la force ou l'adresse de son bras, mais ses propres opinions, ses principes et ses croyances. Allez par les rues demander de l'ouvrage, allez sur le port charger des fardeaux, vous pouvez

en travaillant conserver votre dignité;
mais gardez-vous d'aliéner avec votre plume cette liberté de sentimens qui vous
fait homme, car les esclaves eux-mêmes
rougiraient d'un pareil esclavage. Tout au-
teur a droit sans doute à une juste et honorable rétribution : nous ne parlons ici
que de l'écrivain mercenaire, compilateur
industriel, qui fait un livre de commande
comme on fait un meuble ou des habits;
qui, en véritable manufacturier, produit
au gré des acheteurs, pour tous les
goûts et pour tous les caprices, selon
que les chalands viennent à la boutique
et au magasin. Sermons ou philosophie,
romans ou livres d'oraison, notre auteur
s'inspire facilement de tout sujet; et de
la même plume qui commente l'Arétin
il fait une préface pour l'*Imitation de
Jésus-Christ*. Quelle brochure vous faut-il?

aristocratique ? constitutionnelle ? ultra-
montaine ? gallicane ? Parlez : de cet ar-
senal intarissable sort indifféremment le
trait qui frappe Montrouge et celui qui
va expirer aux pieds de Bossuet. Courir,
à moitié ivre, *faire du trône et de l'autel* dans certain journal monarchique, et
se moquer ensuite de ses benins lec-
teurs, c'est encore prouesse d'industrie.
Mais *Janus* en ce point l'emporte sur
ses confrères. Deux journaux d'allure diverse se disputent sa plume : pour les sa-
tisfaire tous deux, dans l'un il dénonce
l'impie Béranger, et dans l'autre il recommande en bons termes *l'aimable philosophe.*

Notre siècle se plaît au scandale des
confessions; il recherche les aveux, les
anecdotes, il aime par-dessus tout les
mémoires *inédits*, bons et véritables au-

tographes. Eh bien ! on lui en donnera de toutes les sortes, au nom des morts et au nom des vivans, et de si bons et si bien fabriqués qu'ils vaudront le meilleur roman. Pour allonger le parchemin, et, comme on dit, tirer au volume, un portefeuille se videra d'abord, puis un autre, puis encore un autre; et de trois ou quatre mains différentes sortiront force aventures galantes, et enfin les *mémoires originaux* de quelque honnête dame qui, dans sa surprise, pourra se dire que l'on ne prête qu'au riche. Des productions d'un ordre plus élevé, des documens historiques, subiront encore sous le titre de *mémoires* le même alliage, et ne s'offriront au public que noyés et comme perdus dans le fatras d'un avide éditeur. Trente pages de notes suffisent maintenant à bâtir un gros volume : en tout neuf dixièmes de mensonges; voilà les autographes du temps.

L'industrie littéraire, science de fraude et de monopole, ne change pas seulement l'écrivain en un vil manœuvre, elle tend encore à détruire toutes les gloires et toutes les renommées. En fouillant les chroniques, en regrattant l'histoire, ils en effacent les plus beaux ornemens, et déshonorent ces grandes et nobles figures des temps passés, dont ils ne comprennent point la perfection. Tout à leurs yeux prévenus s'explique par de lâches motifs d'intérêt, ou bien ils tiennent pour sottises et chimères les grandes vertus et les grands dévouemens. Que leur importent les hautes inspirations du sentiment? N'est-ce pas à la toise, et à la journée, qu'un siècle *producteur* doit produire les belles actions et les bons livres? Courage, jeune France! brisez les vieilles idoles, frappez toutes nos gloires nationales! En jetant de la boue au passé, vous aurez fait de l'égalité pour le présent.

CHAPITRE VII.

DÉCEPTIONS SOCIALES.

———◦———

Politique de la restauration.

Du point de vue où nous sommes placés, il y a dans la politique certains mystères que nous ne pouvons envisager que comme de hautes et insignes déceptions :

les habiles en font l'éloge, mais la morale s'en afflige. De ce nombre je commence par mettre toute espèce de pacte que fait le pouvoir avec les méchans, et la confiance qu'il leur accorde au préjudice des gens de bien. C'est le moyen de gâter l'esprit des peuples, d'altérer en eux les sentimens naturels d'équité, et de les rendre par la suite indifférens à tout ce que nous appelons vices et vertus. Il ne faut pas laisser croire à une nation que toutes fins sont bonnes, et qu'on peut à force de crimes et d'attentats espérer de se rendre nécessaire. Quelques exemples me feront mieux comprendre.

La trahison venait d'éclater au 20 mars; c'était aussi pour Louis XVIII le moment des réflexions. Ce prince remonte une seconde fois sur son trône, et d'abord il prend pour ministre le duc d'Otrante. Il charge de veiller sur sa tête royale celui qui a fait tomber la tête de son frère, il remet le dépôt sacré des mœurs et de la religion aux mains de celui qui haute-ment a proclamé l'athéisme; il abandonne enfin le sort de ses sujets, quels que soient d'ailleurs leurs sentimens et leurs opinions, à l'homme perfide qui trahit tous les partis à la fois. La politique ne saurait commander de plus grand sacrifice.

Un autre homme, digne pendant de Fouché, jouit encore des prérogatives d'un rang illustre, et s'est fait de ses propres crimes un fond inépuisable de crédit et de puissance. Cet homme, véritable arai-gnée politique, n'a eu d'autre mérite ce-pendant que de filer sa toile sous tous les gouvernemens, et d'y prendre, selon les occurrences, tantôt un royaliste et tantôt un républicain, puis un Bourbon, puis Bonaparte lui-même. Il avait commencé par envelopper de ses lacs impurs la cour et le sacerdoce; il a fini par y attirer la France entière. Et le grand pontife du Champ-de-Mars, le ministre prévaricateur du directoire et de l'empire est retourné paisiblement filer sa toile aux Tuileries.

La politique ose-t-elle au moins faire choix d'un homme neuf au métier des affaires, et que ne recommande jusque-là ni trahison ni meurtre, voyez encore ce qu'elle vous donne ! un ministre de boudoir, diplomate sentimental, qui, pour commencer sa carrière, dresse une liste de proscription contre nos vieux soldats, improvise à son profit des conspirations, et laisse un fils de France tomber sous le fer des assassins. Le même ministre gratifiait d'un écu les pauvres paysans du Bocage, et assurait à madame Manson une pension de douze cents francs.

Il ne tiendrait qu'à nous, en fait de déceptions, de rappeler des choses plus étranges encore. Napoléon n'avait pu consoler toutes les douleurs; les hameaux de la Vendée n'étaient point rebâtis, de vieux chefs royalistes mendiaient leur pain, les descendans de Cathelineau étaient plongés dans la misère; et cependant les premiers que dota la restauration, ce furent ou des traîtres de l'empire ou des aventuriers de Coblentz. Bonaparte sort de l'île d'Elbe, et ne laisse au roi de France que le temps de faire un appel à la fidélité de ses sujets. Quelques-uns le suivent dans sa mauvaise fortune; d'autres vont dans la Vendée; le plus grand nombre retourne se serrer au pied de l'aigle tant de fois victorieuse. Bref, qu'arrivera-t-il à la seconde restauration ? Le parti *contre* sera proscrit, le parti *pour* sera récompensé d'une amnistie; cé qui, en d'autres termes, équivaut à une réprobation générale.

Quel rôle a joué *Narcisse ?* demandait certain ministre de la restauration. A-t-il marché sous quelque drapeau ? est-il de quelque religion politique? peut-on dire qu'il soit de la *droite* ou de la *gauche?* — Non, Monseigneur, *Narcisse* n'est d'aucun côté; *Narcisse* n'a servi *personne;* il n'a ni parti ni opinions; c'est à Votre Excellence seule qu'il veut plaire. — Bien ! très bien ! je n'aime point les factieux ! Faites venir *Narcisse*, donnez-lui la croix, et qu'il choisisse une préfecture.

Les honnêtes gens.

La France soupirait depuis long-temps, après le retour de ses enfans exilés ; elle les appelait de tous ses vœux ; elle se les figurait des modèles accomplis de l'antique honneur français. Ils sont enfin revenus parmi nous les habitués de l'œil-de-bœuf; nous les avons vus de près, et trente années d'exil ne leur ont fait oublier ni les petites maisons, ni les basses intrigues, ni les folles prodigalités. Qu'on ne parle pas si haut maintenant des

mœurs de l'anarchie et de l'impudence
des parvenus! Vit-on sous l'empire les
généraux donner dans leurs gouvernemens des fêtes à une prostituée? Vit-on
les hommes de la révolution se faire arrêter pour dettes dans les voitures de
leur prince? Ils ne déshonoraient point,
par la fraude et l'agiotage, des noms il-
lustrés par la victoire ; ils ne vendaient
point à des comédiens leur protection
et ne faisaient point aux actrices de
honteuses conditions. Ils entendaient la
guerre, et non le tripot des coulisses. Si
l'on retranchait du *budget* tout l'or qui
va se perdre dans ces impurs canaux, la
France aurait fait assez d'économies. Je
croyais la révolution immorale ; elle ne
fut qu'un juste et sévère châtiment.

Il n'était bruit que de la haute vertu
de *Marcis*, de ses saines et bonnes doc-

trines; véritable fléau des novateurs. *Mar-*
cis rompit des premiers avec la France,
et n'y revint que pour faire bonne guerre
à la philosophie et pour tenir registre
de confessions et de communions. On l'a
vu tout ensemble grand-prévôt et grand-
inquisiteur, et toujours dans le droit
chemin que doit suivre un preux et féal
marquis. Il se disposait enfin à entre-
prendre quelque nouveau pèlerinage, lorsque la mort vint le frapper dans les
rangs de la congrégation. O douleur! on
enterre notre saint, on lit son testament,
et l'on trouve que *Marcis*, après avoir
déshérité sa famille, lègue à *Zirphile* la
danseuse la moitié de son bien, et le reste
aux révérends pères. *Marcis*, en échange,
aura des messes à Montrouge et un pas
de deux à l'Opéra.

Celui-ci, dans ses vers, nous donne

force morale et force religion, chante les vertus, chante le génie de l'homme, et mettrait volontiers en rimes Pascal et Bourdaloue. Tout est saint, tout est édifiant dans son livre; rien ne manque, en un mot, à œuvre si belle, sinon que l'auteur, en se mariant à Paris, ne devait point oublier qu'il laissait en pays étranger une femme et des enfans. A cet autre il est précisément arrivé tout le contraire. Faute de se souvenir qu'il était marié en France, il prit en Allemagne une nouvelle épouse. Belle était la femme, belle était aussi la fortune; et le malheur voulut que notre homme ne s'aperçût de sa distraction qu'après avoir mangé la dot.

Ces messieurs peuvent encore une fois émigrer pour la bonne cause, et sans trop de regret quitter pénates et famille; ils retrouveront au-delà de nos frontières d'autres enfans et une autre femme légitime.

   Boislin à l'arrivée du Roi prend masque de royaliste, et se fait donner la charge de son père. Celui-ci le dénonce au retour de Bonaparte, il est vrai, et revient occuper le poste qu'il avait perdu d'abord. Mais, au bout des cent-jours, *Boislin* rentre en place, après avoir une seconde fois dénoncé son père. Quelle infamie ! direz-vous; quel odieux échange de bassesses et de lâchetés ! Et cependant vous ne savez pas encore tout. Cette haine de famille, cette opiniâtre poursuite et ces délations criminelles ne sont qu'une abominable comédie entre *Boislin* et son père, afin de s'assurer la tranquille possession de leur emploi. Que d'honnêtes gens, à la restauration, se sont ainsi partagés les rôles, sans autre dessein que d'avancer leur fortune! Combien de nobles maisons qui, paraissant de bonne foi s'attacher au vainqueur, ont eu soin d'abord de laisser quelque frère ou quelque cousin parmi les vaincus !

Renulde, sur un faux bruit, croit le 10 mars que Bonaparte a pris la fuite, et voilà notre général montrant à chacun le sabre qui devait tuer le *tyran*. Autres nouvelles le 15 et le 16; Napoléon décidément marchait sur Paris. Alors le baron *Renulde*, dont les opinions vont comme l'almanach, change aussi de ton et de discours. Simple maréchal-de-camp, il tient pour suspect son lieutenant-général, il ouvre ses lettres, il fait d'avance la police pour l'empereur. Du 20 au 24, le zèle de *Renulde* va toujours croissant; ce sont les officiers *douteux*, ce sont les autorités civiles et militaires qui de-

viennent particulièrement l'objet de sa
surveillance. On ne vit dans les cent-
jours pareils transports. Bref, au bout
du quartier, Bonaparte, comme chacun
sait, met la clef sous la porte, et
Louis XVIII rentre dans sa maison. Oh!
pour le coup, *Renulde* ne saurait contenir sa joie; il pleure, il sanglote, il
crie; il vient en toute hâte à Paris saluer le monarque, et, par occasion, dénonce le chef *rebelle* que lui avait imposé *l'usurpateur.* Or, ce que je dis ici
de *Renulde* ne sont propos en l'air ni
jeux d'imagination; j'ai vu ses dénonciations de mars et ses dénonciations de
juin, ses dénonciations à l'aigle et ses
dénonciations à la fleur de lys; et Dieu
sait encore de quels services il se van-
tait! Et cependant le baron *Renulde*
est en possession d'un bon commande-

ment, le baron *Renulde* obtiént grâces et faveurs, et ses anciens camarades n'ont point trouvé de juge plus sévère.

CHAPITRE VIII.

JUSTICE DISTRIBUTIVE DU SIÈCLE.

—◦—

Camille.

Camille est du petit nombre de ceux
qui, malgré les privations et les misères
d'un long exil, surent toujours en pays
étranger faire respecter le nom français.

Il n'a que des services honorables et de glorieuses actions; il rapporta dans sa patrie d'utiles connaissances, des vues élevées, un fond inépuisable de tolérance et de vertu. Tous les partis rendent également hommage à son caractère, et personne n'oserait contester son rare mérite. Cependant *Camille* n'a été pourvu d'aucun emploi civil ou militaire; nulle grâce, nulle récompense ne le sont venues trouver; on ne l'a pas même aperçu.

Commune disgrâce.

Naldor, triste enfant de la Vendée, hérita de bonne heure sur les champs de bataille de l'épée de son père, et c'était le seul bien désormais qu'il possédât au monde. Son frère que les flammes avaient chassé du toit paternel, trop jeune encore pour supporter les fatigues de la guerre, errait par les campagnes, implorant la pitié publique. Des jours plus heureux commencèrent enfin à consoler la France, mais sans adoucir la destinée

de *Naldor*, qui repoussa constamment la
paix de Bonaparte, ses dons et ses promesses. Cependant, inflexible pour lui
seul, *Naldor* laissa toute liberté à son
frère de suivre l'inclination qui l'empor-
tait vers les gloires de l'empire; seulement
il le conjura de n'oublier point au milieu d'un autre camp le Dieu de leur
père, le Dieu pour lequel avaient souffert et combattu les Vendéens.

Vint ensuite le temps où les Bourbons
furent rappelés de l'exil, puis le jour
funeste où il leur fallut de nouveau quitter la France. La fidèle Vendée courut
encore aux armes, et *Naldor* reprit un
des premiers la petite croix de buis, et
l'épée qu'il avait reçue de son père expi-
rant : car il n'était point de vendéen qui
n'eût conservé quelques-unes de ces vieilles reliques de guerre. La campagne ter-

minée, et Louis XVIII replacé sur le trône, *Naldor* forma cette fois la résolution
de se rendre à Paris, plein de confiance
dans les droits que lui donnait un honorable dévouement. Mais qu'il connais-
sait mal la cour et le prix dont on y
paie le plus beau zèle! Tantôt repoussé
par des ministres infidèles, et tantôt par
de fidèles grands seigneurs, le pauvre Vendéen consuma son temps en d'inutiles dé-
marches, ses faibles ressources s'épuisè-
rent, et personne ne vint à son secours.
D'autres soucis le troublaient encore; il
ignorait ce qu'était devenu son frère depuis la fatale journée de Waterloo. Abîmé
dans sa douleur, *Naldor* errait un jour,
à l'écart, sous les verts ombrages des Tuileries, lorsqu'il voit un officier s'approcher d'abord lentement, le regarder à plusieurs reprises, et tout à coup se jeter

dans ses bras : c'était son frère. Point de reproches , point d'amères paroles ; tous deux n'ont écouté que la voix de la conscience, l'un en combattant pour le roi , l'autre en courant à la défense de la patrie. Douces étreintes et tendres amitiés remplirent les premiers momens ; puis on parla guerre , puis on parla d'un temps , puis encore d'un autre temps. On n'oublia ni les souvenirs de l'enfance, ni les jeux de cet âge, ni la dure adversité qui bientôt les suivit. Enfin , après longue causerie, le soldat de Waterloo demande à son frère s'il n'est pas heure d'aller dîner. J'y songeais, répond *Naldor* d'une voix sourde et presque éteinte, et en même temps il fait effort pour changer la conversation. Mais son frère alors peint le délaissement où l'a mis la dernière campagne, et finit par avouer qu'il est à jeun depuis la veille.

« Pour toi, continue - t - il, tu dois être maintenant au comble de la faveur; la fortune qui m'abandonne est passée tout entière de ton côté.... » *Naldor*, dans ce moment, veut détourner son visage baigné de larmes : son frère s'en aperçoit ; il a deviné toute l'horreur de leur situation.... Ces vieux guerriers, chargés de gloire et de combats, venaient ici, près de la demeure royale, promener leur misère et tromper les angoisses de la faim.

Un quartier général de chouans, ou les royalistes
de deux époques.

Nous venions de quitter la route, et
nous commencions à franchir les premiers
échaliers, lorsque mon guide me fit observer dans les clairières d'un champ de
genêts quelques hommes marchant en silence de notre côté. « Ce sont, me dit-il,
les chasseurs du roi; j'étais sûr de les rencontrer ici. » Et, en effet, la lune sortant
d'un nuage éclaira dans ce moment leurs
armes, et il nous fut facile de distinguer
leurs chapeaux à la Henri IV et le panache

touffu de crins noirs et blancs qui ombra-
geait leur tête. Au *qui vive?* répété deux
fois avec force, mon guide répondit par
le cri de *vive le roi!* et nous nous trou-
vâmes bientôt au milieu d'un poste qui
faisait sa ronde. On échangea quelques paroles; mon guide eut la permission de se
retirer, et moi je suivis les chouans. Après
de longs détours parmi les haies et les sen-
tiers étroits qui bordent les chemins du
Bocage, nous descendîmes dans une vaste
et sombre avenue que terminait à l'autre
bout le gothique manoir de la Luzerne,
tout resplendissant de lumières comme un
phare au milieu de la solitude. A mesure
que nous avancions les cris de guerre se
répétaient, et l'on pouvait juger de la multitude d'hommes répandus dans l'intérieur
du château aux mobiles clartés des flam-
beaux qui s'agitaient de toutes parts. Le

poste dont j'avais fait rencontre s'arrêta
sur les degrés d'un vieux perron en ruines; je fus ensuite accompagné par le ser-
gent jusqu'au premier étage. Nous traver-
sâmes, à droite, une espèce de galerie où
étaient couchés çà et là sur de la paille
des soldats armés, et nous parvînmes à
une autre pièce occupée par le général et
son état-major. Je le vois encore, au haut
bout de la table, décachetant les lettres
que je lui apportais, et se levant pour
m'embrasser : « Messieurs, dit-il, je vous
« présente un nouveau camarade qui vient
« avec nous défendre la vieille cause mo-
« narchique ; c'est un brave de plus dans
« nos rangs. Demain, capitaine Scipion,
« vous le ferez reconnaître lieutenant à la
« tête de votre compagnie. » Le général
me fit asseoir auprès de lui, et je reçus en
même temps mon brevet, un verre de vin

et une large tranche de jambon. Je n'ai jamais vu d'assemblée de guerriers plus sévère et plus imposante, et dont l'aspect fût plus terrible. Les pistolets et le poignard qui brillaient à leur ceinture faisaient bien voir qu'ils n'attendaient point quartier de leurs ennemis. Ils semblaient avec leurs larges revers noirs et leurs boutons d'argent porter tout ensemble leur propre deuil et celui de la monarchie. Un bandeau de soie noire enveloppait aussi leur chevelure, et jetait sur leur front comme un voile funèbre. Ce n'était point le brillant équipage des cours que l'on revêtait dans ces temps de malheur, mais la triste livrée des orphelins, et le seul uniforme convenable à des hommes qui ne goûtaient de repos ni jour ni nuit. Voilà ce qu'ils faisaient alors pour le roi de France.

Le repas touchant à sa fin, les jeunes officiers se levèrent et reprirent leur travail accoutumé. Ceux-ci roulaient du papier autour d'un moule, ceux-là le remplissaient de poudre, d'autres y ajoutaient une balle et fermaient la cartouche. Ainsi se faisaient gaîment les provisions du lendemain. Sur une autre table on expédiait les ordres, on préparait les dépêches, on réglait tout ce qui concerne les besoins d'une armée. Une partie de la nuit s'était écoulée dans ces soins divers, et le général dormait depuis quelques instans sur sa chaise, lorsqu'il fut réveillé par l'arrivée de plusieurs courriers qui se succédèrent à peu d'intervalle. Il jeta un coup d'œil rapide sur sa correspondance, prit à la hâte quelques notes, et se tournant ensuite vers nous : « Messieurs, vous saurez que le comte de *Valcour* et le mar-

« quis de *Floridor*, que nous attendions
« depuis si long-temps, ne pourront en-
« core faire pour le Roi cette nouvelle cam-
« pagne. La crainte de compromettre leur
« parenté, les larmes d'une mère ou d'une
« sœur, que sais-je? des rhumes et des ca-
« tharres, voilà sans doute de fort bonnes
« raisons. On dirait, en vérité, que tous
« tant que nous sommes ici, plébéiens ou
« pauvres gentilshommes, nous n'avons
« point de famille. Ah! ah! continua le gé-
« néral, par cette autre dépêche on m'ins-
« truit que le chevalier de *Régeville*, après
« avoir abandonné nos drapeaux, vient de
« se souiller d'un exécrable forfait. Une
« femme respectable lui donnait l'hospita-
« lité; non content de séduire la nièce de
« sa bienfaitrice, il l'a assassinée elle-même
« pour se faire apparemment son héritier.
« Prenez le signalement de *Régeville*, en-

« voyez-le dans toutes les divisions, et si
« ce misérable osait reparaître parmi nous,
« qu'il en soit fait prompte justice. » Les
ordres étaient expédies, le jour commen-
çait à poindre, on courut à de nouveaux
combats. . . . .

. . . .

Dernièrement le hasard m'a fait rencontrer en un chétif dîner, dîner de pauvres
s'il en fut, quelques - uns de ces mêmes
officiers dont je viens de parler ; débris
obscurs des vieilles bandes royalistes que
moissonna l'épée républicaine. Ces hommes, d'une valeur si brillante autrefois,
courbés maintenant sous le poids de longs
chagrins, ne s'entretenaient ensemble que
de leur infortune et de leur profonde détresse. La fable de Bélisaire demandant une
obole aux portes du palais de Justinien
était devenue pour ces vieux soldats une

triste et cruelle vérité. D'anciens chefs de division, des majors et des capitaines mendiaient leur pain, ou vivaient de quelque emploi si voisin de la domesticité, que je ne sais quelle honte m'en fait ici taire le nom. On fit un douloureux appel de ceux qui avaient déjà succombé à leur misère ; et je vis les autres regretter le donjon de Vincennes où les nourrissait un ennemi généreux. Mais, en revanche, un des convives nous apprit que le marquis de *Floridor*, dont les services dataient de quinze années de paix, venait d'obtenir un régiment, et que le comte de *Valcour*, qui de sa vie n'osa regarder en face une épée, se trouvait lui-même élevé à un haut grade militaire. Enfin, il n'y avait pas jusqu'au chevalier de *Régeville* qui, malgré sa contumace, ne fût pourvu d'un bon commandement, chevalier de Saint-Louis, officier de la Légion-d'Honneur, etc.

Conclusion vivante.

Dis, ô *Harmode*, quel est ton rôle parmi nous? à quelles opinions, à quel parti te fais-tu gloire d'appartenir? Ta tête se courbe-t-elle sous le joug des grâces et des faveurs? poursuis-tu les charges, les dignités? ou bien enfin le cœur d'un homme libre bat-il dans ton sein? — *Harmode* mène une vie simple et retirée; *Harmode* n'a besoin ni d'appui ni de protection; il chérit la pauvreté et craint peu la mort. — En ce cas *Harmode* est libre! — Tandis que les autres courent à la fortune, *Harmode* marche en sens contraire de la foule, et il ne se plaint point d'être heurté, renversé, foulé aux pieds : ce sont les triomphes de celui qui ne tient pas la route commune. De magnifiques discours ont retenti à son oreille, des chants de gloire et des chants de liberté : c'était à qui célèbrerait les plus hautes vertus ; tous parlaient de dévouement, de patriotisme et d'honneur. Que de déceptions en ce peu de mots ! que de vanités et d'impostures ! que de chaînes pour la sotte espèce humaine ! *Harmode* a jugé son siècle et les hommes, il ne saurait être la dupe ni de leurs sentimens d'emprunt ni de leurs perfides protestations. Où est la place que l'on a faite à la vertu ? où est celle que l'on a réservée pour l'honneur et la fidélité ?

CHAPITRE IX.

GRANDES MYSTIFICATIONS.

———◆———

Supériorité de l'époque.

Jamais *époque*, pour parler le langage de la docte cabale, ne fut plus glorieuse à l'esprit humain ; jamais siècle, entre tous les siècles, ne brilla de plus vives lumières.

On marche de progrès en progrès, on entre
à pleines voiles dans l'ère des perfection-
nemens! Et tout juste ces prodiges éclatent
depuis que, courant en aveugles à notre
ruine, nous avons tourné court au bon
sens et à la raison. Il faut croire toutefois,
et sous peine d'anathème, que de ce jour
datent parmi nous les véritables rudimens
des connaissances humaines, qu'il n'y avait
jusque-là que barbarie et grossièreté dans le
monde; *insuffisance* au règne de Louis XIV,
petit esprit et vues étroites au siècle de
Voltaire et de Montesquieu. Bon moyen
pour faire du neuf que de prendre précisément tout le contre-pied du passé, de
se jeter à gauche où nos pères allaient à
droite, de mettre blanc où ils mettaient
noir, *a* où ils ont mis *b*, tant enfin que ce
qui leur semblait extravagance et galima-
tias soit pour nous sagesse et bon goût!

Si faut-il que notre instruction soit grande, puisque de compte fait, et en bons chiffres, nous imprimons dix fois plus qu'avant la révolution : bon nombre de romans, il est vrai, force *mémoires*, force compilations, et peu de livres utiles; mais n'importe, pourvu qu'à la ronde on sache lire, et qu'on lise sans fin. Mieux vaut pour le peuple bien lire et bien compter que de savoir s'il existe un Dieu; c'est là ce qui nous embarrasse le moins. Dieu est-il au ciel? qu'on l'y laisse; n'y est-il point? qu'on s'en passe. Ainsi doit parler un siècle qui marche trop vite pour s'arrêter à de caduques et puériles traditions. C'est du *positif* qu'il veut; Dieu et la morale ne sont que des *idéalités*. Qu'on nous rende tous hommes de lettres et savans, qu'on fasse de la France, comme disait Bonaparte, une nation de mathématiciens et de chimistes,

15

et pour le coup nous aurons atteint aux dernières limites de la civilisation et des lumières. Qu'on n'oublie pas surtout les doctrines et la langue philosophique de M. Cousin, qui, tout exprès pour notre siècle, refait un nouvel apocalypse.

Oui, je le crois, la réforme sera belle : nous aurons élevé un trône à la raison et dressé des autels à l'intelligence. Mais, avant tout, commencez, s'il vous plaît, par mettre des étais à la société qui croule et tombe en ruines; commencez par nous faire gens de bien et bons citoyens : ce secret en vaut bien un autre. Depuis qu'en ce siècle de lumières notre foi, mieux éclairée, va s'attachant à tout ce qui produit richesses et grandeurs, pensez-vous que le peuple, pour son compte, en ait beaucoup profité? Son pain en est-il moins amer? vos découvertes l'ont-elles rendu plus heureux?

N'est-ce pas, au contraire, entre vous, gens
de rare mérite, à qui se chargera de ses
dépouilles pour n'en laisser échapper que
ce que n'ont pu retenir vos cent bras armés
par le fisc? Pauvre peuple, saigne-toi donc
à faire instruire tes enfans, dresse - les à
l'étude, donne - leur tout de suite l'éducation des maitres; et quand le temps sera
venu pour eux de recueillir et de moissonner, ils trouveront à dix emplois à la fois,
et toujours leur fermant la porte, ceux qui
par belles et hypocrites paroles les con-
viaient au grand banquet national. Toute
science aujourd'hui dégénère en fraude et
en monopole; le savoir n'est plus que du
savoir-faire, de l'intrigue au volume, de
l'aristocratie en habit de géomètre et d'é-
conomiste.

Merveilleux effet des lumières.

Si nous pouvions admettre que l'homme se laissât plutôt gouverner par ses lumières que par ses passions, et qu'il suffit de cultiver l'intelligence pour féconder les rares et précieuses qualités de l'âme, ce serait incontestablement parmi les pères de la science que nous devrions aller désormais chercher nos grands modèles et nos plus beaux exemples. Le désintéressement et l'abnégation de soi-même marcheraient d'un pas égal avec l'art sublime des découvertes, et il n'y aurait dans le monde vertu égale à celle d'un membre de l'institut. Car, il faut le dire, ou les savans valent mieux que les autres, ou ils donnent eux-mêmes le démenti à tous ces brillans systèmes de haute civilisation, qui reposent sur un plus grand développement de nos facultés intellectuelles. Je tiens, au contraire, pour dangereuses et funestes des lumières qui n'éclaireraient que l'esprit et non la conscience, et je cherche à la morale publique un autre appui moins fragile et moins variable. Ne nous laissons point séduire à ces inutiles conquêtes du génie, à ce vain luxe de savoir, qui dans un frottement superbe des intelligences use bien plutôt la raison des peuples qu'il ne l'élève et la perfectionne. C'est à la fermeté du caractère, à la rigoureuse inflexibilité des principes, que se reconnaissent les véritables progrès, et les fruits que porte une salutaire instruction. Que serait-ce donc si, comme un instrument plus parfait, l'intelligence, aujourd'hui mieux exercée, ne servait qu'à perfectionner l'art de la fraude et de l'hypocrisie; qu'elle ne créât des ressources qu'à la mauvaise foi, et ne préparât des succès que pour la bassesse et la servilité? Étrange recommandation pour un siècle de lumières que les lâchetés et l'avilissement de ses savans! Amis de tous les pouvoirs, complices de toutes les tyrannies, est-ce ainsi qu'ils prétendent nous faire goûter les progrès de l'esprit humain? Quel que soit d'ailleurs le rare mérite d'un homme, je ne veux pas qu'on puisse dire de lui, comme d'*Hyperbolas*; que, maître en la science

des *courbes*, il fut plus habile encore
dans la science des *courbettes*. Je ne
veux point qu'un savant non moins illustre mérite d'être relégué parmi les rep-
tiles dont il fit l'histoire; et, qu'à mêmes
enseignes, encore on puisse reconnaître
un des plus beaux génies de l'Europe. Si
libéral et si patriote qu'il soit aujourd'hui,
je ne tiens point non plus pour homme
de vertu cet autre savant qui, dans quelque expérience commandée par Napoléon,
et où il s'agissait d'un simple changement de saveur, lui disait à chaque instant : *Si la langue de votre majesté daignait s'approcher*. La science qui ne fait
que des courtisans n'est point ma science;
elle égare plus loin l'esprit, et porte
plus de dommage à la raison que ne
le sauraient faire toutes les sottises de
cour et tous les préjugés de la barbarie.

Que nous ont, en effet, depuis trente
ans, appris les hommes de savoir et de
lumières, sinon que le génie ne servait
qu'à de plus habiles défections ? d'où
nous sont venus les plus adroits flatteurs, tous les valets de censure, tous
les empoisonneurs publics, si ce n'est
des plus hautes régions de la littérature
et de lá science, qui les voyaient à l'envi
se précipiter dans la fange des polices?
Ne voilà-t-il pas de beaux triomphes pour
l'esprit humain, un admirable encouragement aux lumières, et de quoi surtout
nous les faire ambitionner comme le
gage précieux de notre régénération et
de notre liberté?

De la perfectibilité.

Les grands mots, les mots ambitieux
et sonores, ne nous manquent point,
Dieu merci! non plus que les promesses
rouflantes, pour tromper le siècle, pour
nous tromper nous-mêmes, et les princes au besoin. Il y eut jadis un vocabu-
laire à l'usage des obséquieux panégyristes
de Bonaparte, où revenait sans cesse
l'homme des destinées, *le héros pacifica-
teur*, *le génie des batailles*, etc. Demandez plutôt à ce sénat *conservateur* qui,
dans nos désastres, ne sut conserver que

sa fortune. Nous avions aussi nos louangeurs d'*époque ;* on nous appelait alors *le Grand Peuple, la Grande Nation,* comme on dit aujourd'hui *la Jeune France,* comme on disait la *Nouvelle France* sous le Directoire ; et toujours pour célébrer le présent aux dépens du passé. Or, c'est avec les termes pompeux de *progrès* et de *perfectibilité* que l'époque actuelle, époque éminemment *progressive,* comme chacun sait, prétend à son tour caresser son ambition, et se placer au-dessus de tous les siècles. Nous ressuscitons tout exprès le système de l'abbé de Saint-Pierre, qui ne voyait pas, a dit Rousseau, que l'entendement humain n'a toujours qu'une même mesure et très étroite, et qu'il perd d'un côté tout autant qu'il gagne de l'autre ; nous contredisons l'histoire des temps qui nous

montre la civilisation faisant autant de
pas en arrière qu'elle en peut faire en
avant ; nous allons enfin à détruire dans
l'homme toute identité d'espèce, par la
supposition d'un développement progres-
sif de facultés auquel ne serait point
arrivé d'abord le genre humain. Mais que
répondre à des oracles qui ont pris l'*i-
nitiative humaine* et constaté *le fait ex-
térieur de l'homme?* à de graves et pro-
fonds publicistes, qui, d'un coup d'œil
rapide, embrassent toutes les *nécessités
sociales*, et se font un devoir de les *in-
carner* dans la *gouvernementabilité?* Voilà
les termes employés par les habiles, et
les expressions insolites avec lesquelles
non-seulement ils comptent mettre le
siècle en branle, mais refaire aussi la
langue politique de l'époque, à peu près
comme les théologiens refirent la lan-

gue religieuse de leur temps, et les ré-
publicains de quatre-vingt-treize l'almanach et le dictionnaire. Ainsi 'passe sans
cessé à des mystifications nouvelles ce
pauvre peuple, toujours prêt à attacher sa
chaîne partout où il y a un anneau.

Ne dirait-on pas, en effet, qu'il y a
quelque planche tout exprès savonnée
pour nous faire plus doucement couler
d'une sottise à une autre ; quelque fas-
cination diabolique pour nous empêcher
de sortir du labyrinthe de l'erreur et de
l'imposture ? Si bien qu'il faut encore,
après tant d'artifices dont on nous a fait
la dupe, que nous nous laissions prendre maintenant au piége des lumières et
de la perfectibilité. Tout était jadis préjugé et barbarie, tout devient aujourd'hui
sagesse et raison ; nous marchons à la
liberté par l'industrie, et à une régéné-

ration complète par la voie de la science et des inventions nouvelles. Et cependant ceux qui jettent un coup d'œil en arrière voient bien qu'il n'y a rien de nouveau sous le soleil. Voulons-nous du tout-à-fait neuf? c'est d'abord sur du vieux que nous mettons la main. Chassons - nous par un bout le passé ? c'est aussitôt du gothique qui rentre par l'autre. On étend sur nos têtes le niveau de l'égalité, et nous payons à grands frais la reconstruction d'une aristocratie; on fait en économie politique de brillans systèmes, et le désordre n'en va que mieux son train; on vante les prodiges de nos manufactures, la rare perfection de nos tissus, et les habits de nos pères valaient mieux que les nôtres; on cite à tout propos les chefs-d'œuvre de l'industrie moderne, et les vieux vases de Sèvres se vendent en-

core dix fois plus cher que les nouveaux.
On a mis le commerce à la première
place, on lui fait tous les honneurs de
la civilisation, et jamais il n'y eut tant de
mauvaise foi, jamais la fraude et la ban-
queroute ne jouèrent un si grand rôle.
Les habiles enfin ne cessent de répéter
que nous entrons dans une ère nouvelle
de candeur et de prospérité, que chacun
pourra se réjouir sous sa vigne, et laisser ouverte la porte de sa maison : je le
veux croire aussi, mais en attendant
commençons par mettre la main sur nos
poches, et faisons placer bonnes et sûres
gardes à nos serrures!

Le grand art de tous les faiseurs de
systèmes consiste à remplir de vaines ima-
ginations l'esprit de l'homme, et à lui
déguiser sous des apparences de bonheur
la triste et funeste réalité. N'avons-nous

pas vu chaque époque de la révolution
nous gouverner ainsi par quelque chimère nouvelle, que l'on entourait d'a-
bord de fêtes et d'espérances? Le peuple
n'a-t-il pas, en signe d'allégresse, tenu
des repas à la porte de ses maisons, et
dansé dans les rues au pied des échafauds? N'a-t-il pas dans ses solennités
promené les Dieux de l'Olympe, et cé-
lébré ensuite la fête de l'*Être suprême?*
Plus tard il assistait aux banquets de
Napoléon; il fêta ses triomphes, il fêta
sa chute. Nous faudra-t-il donc sans
cesse attendre notre salut de toutes les
infatuations qu'on nous veut imposer,
tomber aux pieds de tous les charlatans,
et nous réjouir follement de leurs malencontreux systèmes; comme cette multitude aveugle qui vient promener sa misère sous des portiques ornés de guirlandes

et de festons de fleurs, et ne s'aperçoit
pas qu'elle n'est qu'une décoration de
plus pour ses maîtres ? Ah ! combien je
préfère à tous vos prestiges de civilisation et de grandeur l'âpre fierté du sauvage, qui dompte les lions, et boit dans
le crâne de son ennemi vaincu. Ce bar-
bare que vous méprisez peut du moins
encore devenir un homme.

Haute érudition.

Si nous entrons au pays des érudits, c'est
là surtout qu'il faut tenir pour embûches
et véritables tours de gibecière, et les pré-
tendues recherches nouvelles, et les pré-
tendues annotations, dissertations et in-
terprétations dont se parent à peu de frais
les monopoleurs de science. Toutes les lumières de la *Jeune France* ne suffiraient
point à la prémunir contre les ressources
cachées d'une industrie qui ne s'occupe,
en apparence, que de la gloire du siècle et

des progrès de l'esprit humain. Quand on a sans bruit dérobé à Lavau une histoire des Gaulois, quand on a par maints contre-sens rajeuni le théâtre des Grecs du Père Brumoy, ou qu'on a glané dans des versions allemandes ce que puisait aux sources le bénédictin laborieux, le grand art ensuite est de livrer au mépris ces vieux *translateurs* dont on pille effrontément la science. On ne doit parler qu'avec dédain de leurs travaux et même de leurs personnes, on doit les citer comme *perruques* au tribunal du dix-neuvième siècle. Et, pour peu qu'une généreuse audace tienne lieu de savoir, bientôt Mabillon et Montfaucon seront expulsés de leur trône poudreux, par un Rio, par un Rochette ou un Cousin; car il est bon d'avertir qu'en ce noble fait d'armes la philosophie donne la main à l'histoire. Vous connaissez déjà

le nouveau Ducange, et vous savez qui
jouerait au besoin le rôle d'André Duchêne.
Voilà notre temps, voilà notre science.

Quelques années avant la révolution, les
mystifications étaient de mode, la cour et
la ville en faisaient leurs délices. On vous
conduisait dans une chambre où il n'y
avait que les quatre murs, ou tout au plus
quelque méchant grabat, et chacun alors
de se récrier à l'envi sur la richesse des
meubles, sur la beauté des tapis et la perfection des peintures; jusque-là que vous
commenciez à douter vous-même si vous
étiez dans votre bon sens et pleine raison.
Eh bien! n'est-ce pas encore la mauvaise
plaisanterie de cette chambre vide qu'il
fallait louer de tout ce qui n'y était point,
lorsqu'on nous veut faire admirer maintenant la vaste érudition et le profond savoir de ces hommes dans lesquels ne se

trouvent même pas les premiers élémens de la science? N'y a-t-il pas encore mystification complète? avec cette différence, que ce n'est plus un jeu, un simple badinage, mais une vile et honteuse imposture. Suivez dans leurs enseignemens divers ces dédaigneux apôtres du dix-neuvième siècle, ces professeurs inspirés d'histoire ou de philosophie, dont la mission est d'insulter à nos grands hommes et de flétrir jusqu'à l'autorité sainte des cheveux blancs, et vous verrez combien semble courte, auprès du moindre clerc d'abbaye, leur fastueuse érudition, bonne apparemment en un siècle qui a trop lu pour se souvenir de quelque chose. Imaginez un nom qu'ils n'aient estropié, une date qu'ils n'aient falsifiée, un fait qu'ils n'aient tourné à l'erreur; tant ils ont failli même dans l'art de cacher leur ignorance. Celui-ci fera mourir

le disciple avant la naissance du maître ;
celui-là donnera gratuitement à quelque moderne un brevet d'invention pour choses
qui datent de haute antiquité ; un autre
fera rencontrer sur la scène du monde des
hommes qui n'étaient point du même siècle.
Je n'achèverais point si je voulais citer
tous les anachronismes, tous les contre-
sens et toutes les bévues dans lesquels
sont tombés nos érudits *à grande mission*,
que paie l'Université pour éclairer l'*époque* et pour *en finir* avec le dix-huitième
siècle.

Demandez à **Rollon** ce que d'aventure il
a fait pour prendre siége dans l'académie
des inscriptions et belles-lettres ? ce qu'il a
fait encore pour être élu conservateur du
cabinet des médailles et antiques ; pour
obtenir la chaire d'archéologie ; pour entrer à la rédaction du *Journal des Savans*,

et devenir enfin _l'inévitable_ de toutes les commissions d'érudits? Rochefort, Leclerc, Bréttier , Poinsinet , vous répondraient qu'il a déshonoré leurs vieilles traductions; Kœhler vous dira comment, de Saint-Pétersbourg, il fut obligé de révéler à _Rollon_ l'existence de certaines médailles du cabinet du Roi, dont lui _Rollon_ est pourtant un des conservateurs. M. Gence, à son tour , réclamera bien quelques lambeaux de la science de notre helléniste , et mieux qu'un autre il pourra aussi parler au nom de MM. Fauriel et Joly. Le savant et respectable Émeric David vous en apprendrait bien plus long encore ! Et moi, je me contente d'ajouter que _Rollon_ était de la _Société des bonnes lettres_ et l'un des membres de la _commission de censure._

Budget des lumières.

La science a fait de tels progrès parmi
nous, et les chefs-d'œuvre sont aujourd'hui
si communs en toute sorte de genres que
l'état, toujours la main à la poche, se verra
bientôt forcé de demander grâce au génie.
Il n'y a point de trésor au monde capable
de suffire à tout ce que nous avons de
grands hommes et de compagnies savan-
tes, de sociétés d'érudits, de bâtisseurs de
gloire et d'entrepreneurs de lumières. Recherches, découvertes, inventions nouvel-

les , tout se paie ; nous payons celui qui
arrange du vieux et celui qui trouve du
neuf, celui qui fait des machines et celui
qui fait des livres. Nous payons, pour le
progrès et l'avancement des lettres , une
commission de traducteurs, qui toute leur
vie se disputeront sur le titre d'un livre
chinois ou persan ; nous payons , pour
le plus grand avantage de la science, une
commission de savans nomades , qui , se
promenant à bonnes étapes, rapporteront
soigneusement des pays lointains quelque
doigt de momie ou quelque clou du vaisseau de Lapeyrouse. Nous payons enfin, à
grands frais, pour achever le dictionnaire,
une commission d'immortels, qui, depuis
trente ans qu'elle y travaille, n'en est encore qu'à la lettre P, lettre où l'on demeure
volontiers en France. Que d'efforts sublimes du génie, que de bruit et de dépenses,

pour changer un mot, tourmenter un texte, et redire à peu près tout ce qui avait été déjà dit et publié ! Ainsi vous voyez aux portes de l'Institut quatre énormes lions qui dans de vastes bassins jettent un maigre filet d'eau.

Ce n'est pas tout : nous payons encore, comme gens de lettres, de bons barons sachant peu lire, et de saints abbés maudissant soir et matin les lumières; des hommes dont la mission est d'écouter plutôt que d'écrire, et la nombreuse cohorte enfin des poètes et des publicistes d'antichambre. Vient ensuite le chapitre de certaines dames ou demoiselles que l'on répute femmes de lettres, et dont nous payons tout ensemble les charmes et le talent. Il ne faut point oublier *Fulvie*, qui dans un accès de verve quitta enfans et mari pour n'écouter que les doctes inspirations de *Ludorix*, et qui, de femme de boutique qu'elle était, devint sans trop changer d'état femme auteur. N'était-il pas juste en faveur d'un si grand sacrifice, et pour récompenser dignement le traité de morale que vient de publier *Fulvie*, de lui accorder avec *le prix de vertu* une rente sur l'état? Ce n'est pas trop non plus qu'une légère pension de quinze cents francs pour le flexible talent de *Plautine*, qui, après avoir joué à Notre-Dame la déesse de la liberté, fait en ce moment de si bons romans monarchiques. Je veux encore citer *Mélanie*, à laquelle nous payons mille écus de pension ; non sans doute pour quelque pécadille littéraire, drame ou comédie, dont elle s'est complaisamment reconnue l'auteur, mais pour acquitter une dette que depuis long - temps la science avait contractée avec cette honnête dame. Qui n'a ouï parler du fameux *marquis industriel*, homme de beaucoup d'esprit et de peu de jugement, mauvais économe et grand économiste ; célèbre faiseur d'expériences, grand seigneur philosophe, grand seigneur libéral, et toujours grand seigneur? Il vit *Mélanie*, admira ses petits airs malins, ses petits traits piquans, les naïvetés et les enfantillages de sa conversation, et sur-le-champ il résolut de l'épouser, non comme vous l'entendez, gens d'un étroit génie, pour en faire tout à l'aise sa femme et sa légitime compagne, mais uniquement dans l'espoir d'enrichir sa méthode d'une expérience nouvelle. Le philosophe *producteur* n'attachait sa pensée qu'à l'étrange phénomène qui devait naître d'un esprit si délicat, croisé avec le mâle génie du mathématicien *Piscis*. En conséquence il mit sous clef pendant une année, et puis encore une seconde année, ces deux esprits si di-

vers, qui se donnèrent beaucoup de mal,
raisonnèrent à perte de vue, et malheureu-
sement ne purent offrir au noble marquis
hoirs procréés de leur corps. Tant enfin que
le maître du logis, déçu dans sa curieuse
attente, fut obligé de rompre par bon divorce avec la susdite dame, pour ne rester
point en charge d'un meuble inutile. *Mélanie* depuis ce temps a fait bien d'autres
expériences encore, et c'est tout le moins
aujourd'hui que nous lui donnions les
invalides.

CHAPITRE X.

LA DERNIÈRE PLAIE D'UN ÉTAT.

————◦————

Habileté des intrigans.

Ce n'est guère changer de sujet que
de passer de la science telle qu'on nous
l'a faite, d'une littérature ou d'une philosophie mercenaire, aux sourdes et

honteuses pratiques de l'intrigue proprement dite. Ceux-ci intriguent pour une chose, ceux-là pour une autre, et la France entière est prise au réseau des intrigans. Il n'y a plus lieu, dit-on, d'appréhender de nouvelles invasions de barbares; non, sans doute, s'il ne s'agit que de ces hordes sauvages qui s'élancèrent de leurs forêts sur les vastes murailles de l'empire romain. Mais nos barbares à nous, ce sont les intrigans, la pire de toutes les espèces, et ils ont fait irruption au cœur de l'État, dans les emplois et dans les dignités, où ils tiennent bonne et sûre garnison. Quoiqu'ils aient plusieurs drapeaux et plusieurs bannières, ils ne forment au fond qu'un seul et même corps, qu'une seule et même armée, dont le mot d'ordre est *pouvoir et richesses.* Jamais querelle ne s'émeut entre eux qu'au dernier morceau; ils marchent de bon accord, se rendent services d'amis, et rient ensemble, comme avocats au parquet, des injures qu'ils se disent pour la forme, et toujours pour s'avancer en crédit. Tel homme aujourd'hui paierait volontiers pour être appelé *révolutionnaire et jacobin*, et tel autre pour être qualifié de *jésuite* ou *d'ultra*, suivant la position de guerre que l'on a prise et les avantages qu'on en retire. Les intrigans n'aimaient point l'empire, parce qu'il fallait avec Bonaparte savoir jouer sa vie; mais vive le gouvernement constitutionnel pour intriguer en paix et sans danger! Il est mille moyens de faire fortune, dont on ne se doute même pas sous un despote. Celui qui veut gagner la faveur du peuple, traitant une nation caduque comme une vieille coquette, nous dira que *nous* pre-

nons seulement la robe virile, que *nous marchons à la tête de la civilisation*, que *nous donnons encore le ton à l'Europe*, que *nous n'avons point été vaincus à Waterloo*; et, par ces impertinentes flatteries et autres discours semblables, il trouvera le secret d'acquérir de la popularité. Ceux-là diront à un prince brave et généreux, mais dont les vertus guerrières n'ont pas encore eu l'occasion de se montrer dans tout leur éclat, que *le soleil d'Austerlitz a pâli devant ses victoires*; qu'il est le *Scipion français*; que *le passage de la Bidassoa n'est comparable qu'aux plus beaux faits d'armes du siècle de Louis XIV, et à nos immortelles campagnes d'Italie*. Propos et fadaises d'intrigans, serviles adulations, qui toujours menacent l'état de quelque ambition nouvelle!

Les révérences et les importunités ne sont plus que de la vulgaire intrigue : c'est à se faire acheter maintenant qu'il faut tendre tous ses ressorts. Un ministère vient-il à menacer ruine? hâtez-vous de le frapper dans sa chute, retournez vos complimens en injures; faites croire aux nouveaux ministres que vous êtes gens d'influence; dites-leur hardiment qu'il vous a suffi des seules armes de votre génie, *de l'examen et de la discussion, pour renverser un pouvoir odieux et tyrannique.* C'est marcher droit au but, la recette est infaillible. Ne vous arrêtez pas en si beau chemin : déclarez fièrement la guerre à tous les préjugés, à tous les abus dont on a déjà fait justice; tonnez, éclatez contre des ombres, mais n'attaquez point les vivans; et s'il n'y a place vacante, soyez sûr que l'on vous en créera plutôt une tout exprès. De ce moment vous devenez un véritable personnage, les bonnes grâces du pouvoir vous sont acquises; et, comme tel et tel zélé défenseur de nos droits, vous vous verrez bientôt en fond de cinq ou six bonnes charges donnant peu de travail et point de soucis, et n'étant charges que pour nous.

D'ailleurs on se glisse aux fêtes des excellences, on leur parle à l'oreille de son adroit dévouement, on se vante d'un *mauvais discours* et d'un *bon vote*, moyen unique pour conserver tout ensemble ses pensions et sa popularité. Si le ministre vous invite à sa table toujours bonne et bien servie, la politesse ne vous permet point de refuser, et dans ce cas encore elle vous commande certains procédés. Elle interdit le trop libre penser, elle veut que sans cesse vous soyiez de l'avis du maître, qu'il n'essuie de votre part ni objections ni contradictions : bref où l'on pique l'assiette il ne la faut point casser.

Et le peuple alors, pour se consoler, fait une longue énumération de tous les charlatans politiques qui ont été démasqués, rappelle avec joie leur disgrâce, et promet bien encore même destin aux intrigans de nos jours. De grand cœur aussi j'en accepte l'augure; mais à une troupe de masques en succède toujours une autre, et nous ne sortons jamais du bal masqué.

Causes fécondes de l'intrigue.

Comme nous voyons, dans de longues et douloureuses maladies, la chair de l'homme se couvrir d'une dégoûtante vermine, il est aussi des maladies du corps social qui font éclore et multiplient la race funeste des intrigans, terrible et dernier symptôme de la corruption publique. C'est l'inévitable fléau de tout empire où les intérêts matériels ont pris la place des intérêts moraux. Les hommes n'étant plus travaillés que d'une seule pensée, celle de faire fortune, se portent à

l'envi vers le même but, s'étudient à tra-
verser réciproquement leurs desseins, et
transforment en une véritable science l'art
de se nuire et de se tromper. Tout devient
ruse et mensonge, parce que chacun fait
effort pour arriver, et que des rivalités sans
nombre rendent la carrière étroite et difficile. De combien d'amères railleries n'a-
vons-nous pas poursuivi la dévote famille
des cénobites et des anachorètes, esprits
faibles et timides, disions-nous, membres
inutiles d'une société dont ils ne savaient
apprécier ni les biens ni les honneurs? Et
cependant, à ne considérer la chose que
du côté politique, quelle immense ressource pour l'état qu'une philosophie religieuse si habile à désintéresser le cœur de
l'homme, si propre à faire dans ses passions une heureuse diversion! un enthousiasme divin qui pouvait à tout instant dé-

tourner de la route trompeuse de l'ambition des esprits inquiets et turbulens, en leur offrant dans ce monde comme un autre monde où venait se déborder le trop plein du siècle! Maintenant que nos espérances ne vont guère au-delà de cette vie, tous les hommes se jettent avec fureur sur le présent, tous en veulent faire leur proie, et l'on sent que, dans ce grand concours d'ambitions et de vanités, ce ne sont pas toujours les moyens les plus honorables qui réussissent le mieux. Qu'avons-nous gagné à chasser les moines, sinon de susciter de nouvelles prétentions, et d'entraver par de plus grandes inquiétudes la marche de l'état? Il se fera plus de marchands, plus de manufacturiers, plus de gens de toute profession qu'il n'en est besoin; là où vous aviez dix commis, vous en aurez mille à cette heure, dont l'intrigue aura créé les emplois, et qui coûteront plus à la nation que tous les cordeliers et tous les capucins de l'univers. On cherchera les citoyens, et à leur place on ne trouvera que les innombrables milices du fisc, de ruineux *états-majors*, et partout d'insolens et avides mercenaires. Nous serons, il est vrai, sortis de la moinerie, mais pour tomber dans la *bureaucratie*, source intolérable de désordres et de concussions. L'oisiveté d'un moine, après tout, ne valait-elle pas bien la paresse et la fainéantise d'un commis, qui le plus souvent encore bâtit sa fortune sur des injustices, et ne fait guère que du mal pour avoir l'air de faire quelque chose?

Pourrions-nous dire aussi ce qu'il nous en coûtera pour avoir frappé de ridicule les vieilles mœurs et l'austère vertu d'un autre âge, pour avoir désenchanté l'homme de ces *gothiques idées* d'honneur et de désintéressement qui lui faisaient chérir une glorieuse pauvreté? A force de répéter aux grands que les richesses sont le seul bien désirable, que l'argent est le *positif* de la vie, nous leur avons fait aimer la fortune, et si bien prendre goût au trésor que le peuple, je pense, ne se réjouira guère de nos leçons. Les lumières leur ont paru bonnes et utiles en ce point; et c'est maintenant à qui fera parmi eux de la science d'agioteur et de la philosophie d'économiste. Autrefois le courtisan le moins malaisé, pour me servir d'une expression du temps, n'était pas fort difficile à ruiner : la sagesse de notre siècle, en lui apprenant qu'un courtisan pauvre est un pauvre courtisan, l'a forcé d'intriguer pour quelque chose de plus solide que les petites faveurs de cour. L'intrigue quelquefois n'est que honteuse, quelquefois aussi elle aboutit au crime. Courez les salons, hantez ce qu'on appelle le monde, la meilleure compagnie, et vous verrez s'il est aussi facile qu'on le croit de rencontrer un homme qui n'ait pas sur la conscience un peu de vol, un peu de forfaiture, voire même un peu de trahison et d'assassinat. Je connais par la ville d'honnêtes gens que l'on salue bien bas, et auxquels il ne faudrait qu'un bon jugement pour les envoyer à Brest ou à Toulon; ces messieurs s'imaginent n'avoir fait que de l'intrigue, et je leur passe le mot.

L'esprit de conduite.

Rien ne peint mieux un siècle que les termes et les expressions qu'il met à la mode; il fait sa langue comme il a fait ses doctrines et ses mœurs. On louait autrefois les grandes résolutions du cœur, la fermeté d'âme et la magnanimité : on ne loue plus guère aujourd'hui dans un homme que *l'esprit de conduite*, à peu près comme on vantcrait le talent de certains joueurs qui passent pour corriger la fortune. *L'esprit de conduite* se place au-dessus de tous les devoirs, se rit de la constance des opinions, et tient pour sottise et préjugé ce qu'on avait jusqu'alors honoré comme vertu. Un homme doué de ce merveilleux esprit ne connaît point de disgrâce, tout est pour lui occasion de succès; jamais pouvoir nouveau, si matin qu'il vienne, ne le prendra sans vert. Ce sera, si vous voulez, ce général qu'une mission de l'empereur amenait à Paris, et qui là, mieux informé de nos désastres, ne prend que le temps de changer de chevaux, et court aux alliés offrir ses services. Vous pouvez placer sur la même ligne le colonel *Librius*, qui donnait, le 20 mars, un repas de corps monarchique. Il était à table, sa coupe était remplie pour Louis XVIII; il apprend le retour de Bonaparte, et la vide *au grand homme toujours heureux* : trois mois après, *Librius* félicitait aux Tuileries le roi de

France. Ce sera cet homme encore qui, portant un nom fameux parmi les Vendéens, le quittera sous l'empire pour solliciter des emplois; et le reprendra sous les Bourbons, dans l'espoir de nouvelles faveurs. Ce sera cet autre que l'on a vu demander une préfecture au retour de Bonaparté, et se faire ensuite malade ; jusqu'à ce qu'il pût accepter sans crainte ou tirer parti d'un refus. Il fallait aussi que l'on connût bien *l'esprit de conduite* de ce haut et puissant seigneur qui, par là fidélité qu'il conserva aux Bourbons dans les cent-jours, fit comprendre à tout le monde que Bonaparte n'avait pas long-temps à régner. Ces habiles ont été remarqués parmi les habiles; ils ont pris à la lettre ce conseil « soyez prudens « comme le serpent »; et pour leur faire honneur maintenant, nous ne trouvons ni trop bons emplois ni trop hautes dignités.

Cependant je ne tairai point ces hardiesses et ces heureuses témérités du génie, qui bravent les règles d'une politique commune et sont comme le chef-d'œuvre de l'intrigue et le sublime de *l'esprit de conduite*. *Alisse* en cette gloire ne connaît point de rivaux ; tout est chez lui prodige de souplesse et de dextérité. En un clin-d'œil il a passé de la police impériale aux élus de la congrégation, des bardes ambulans de Napoléon aux gentils troubadours de la légitimité ; et puis, il faut le dire, d'un méchant grenier dans un somptueux palais avec titre et revenu de bibliothécaire, avec un traitement de receveur général, avec une pension de dévouement sur la liste civile, avec une autre pension comme homme de lettres, etc. Et, ce qu'il y a de plus étrange, toutes ces faveurs sont tombées sur *Alisse* dans un temps où il n'y

avait personne au contraire qui ne le crût
perdu ; car *Alisse* est un de ceux qui ont
le plus chaudement servi la cause de *l'usur-*
pateur, à sa manière du moins et comme
pouvaient se dévouer des hommes que ne
retenaient ni honte ni bassesse. Qui donc
a osé louer la *pacifique* campagne de Russie? qui a prodigué les mépris et l'outrage
aux nations du nord, et accusé de *démence*
un des plus redoutables potentats de l'Europe ? Qui a publié tant d'audacieux li-
belles, tant d'incendiaires écrits dont le but
était d'exciter à la révolte les Polonais, et
d'affermir sur l'Europe avilie la domination
de *l'aigle qui portait le tonnerre ?* Si par
hasard le nom d'*Alisse* figure en de tels
ouvrages, la plus belle manœuvre de guerre
ne saurait l'emporter sur le changement à
vue de ses opinions ; et j'estime que c'est
tour de génie que d'avoir fait payer à la

légitimité de belle et bonne prose enseignant aux peuples le saint devoir de l'insurrection.

Quant à *Sylvas*, force lui sera toujours d'avoir raison, car *Sylvas* parle au nom de Dieu, et personne ne monte en chaire pour l'avertir que le témoignage qu'il rend aujourd'hui à la légitimité des fils de Saint - Louis il le rendait hier encore à la légitimité de Napoléon. *Sylvas*, de quelque part qu'il nous vienne un prince, ne manquera point de bonnes et saintes autorités pour le faire arriver tout droit du ciel, et pour le doter ensuite des plus hautes destinées; *conseils particuliers de la providence, interventions de la mère de Dieu, mystérieuses influences*, sont choses qu'il sait comme nous savons nos affaires de famille. Il aime l'épopée mystique, il affectionne surtout les invocations à la Vierge; c'est là, si je puis ainsi parler, sa grande machine oratoire. Écoutez-le, le 15 août 1806, prononcer dans la cathédrale de Paris son discours inspiré de la Saint-Napoléon, il dira : « Vierge sainte, pro- « tectrice généreuse! ce n'était point sans « un conseil particulier de la divine Pro- « vidence, ou plutôt, non, ce ne fut « point sans un témoignage spécial de « votre influence toute-puissante auprès « de votre fils, qu'à la première de vos « solennités devait être attachée la nais- « sance du GRAND NAPOLÉON. Vous avez « demandé à Dieu grâce pour cet empire; « et Dieu a voulu que votre glorieux sé- « pulcre enfantât, pour la France, le hé- « ros destiné à la régénérer. » Le 2 fé- vrier 1822, prêche-t-il à la chapelle des Tuileries, devant le Roi et les princes

Sylvas ne s'inquiète plus alors des premiers conseils qu'il prêtait à la providence, mais retournant en ces termes d'invocation obligée : « Vierge sainte, s'écriera« t-il avec larmes et sollicitude, protectrice
« auguste du royaume très chrétien, vous
« n'avez pas dédaigné les vœux que, dans
« les jours de notre adversité, nous vous
« adressions pour les fils de Saint-Louis;
« vous les avez enfin rendus à notre
« amour. »

C'était l'usage que nos poètes du moyen âge, lorsqu'ils couraient de châteaux en châteaux, terminassent leurs récits par quelque jolie ballade, qui, joyeusement chantée, leur valait toujours bon gîte et la table. *Sylvas*, avec son invocation à la Vierge, a cheminé sous tous les régimes, il a obtenu chaires, canonicats, pensions, croix, aumôneries, et, comme dit un proverbe, c'est pour lui le refrain de la ballade. Et toujours du sanctuaire de la vérité sortent des oracles de mensonge ! Toujours de lâches flatteries ! toujours de sacriléges adulations ! Et les princes ne détournent point leur visage d'un pareil encens !

Autre branche d'industrie.

Il y a un moyen sûr de réparer votre
garde-robe et d'acquérir de bonnes terres,
c'est d'embrasser ouvertement la cause de
l'indigent, de vous déclarer le protecteur-
né de toutes les infortunes, et de veiller
principalement à ce qu'il n'y ait secours
ni aumônes qui ne vous passent par les
mains. Courez les commissions, enrôlez-
vous dans les comités, faites retentir les
journaux des prouesses de votre insatiable
philantropie, et vous deviendrez en peu

de temps l'homme nécessaire, l'homme
sans lequel on ne fondera désormais ni
établissemens de charité ni associations
de bienfaisance [1]. Ces progrès du siècle
sont manifestes, et je ne veux pas d'autre
preuve de notre perfectibilité. Dans des
temps d'ignorance on ne payait point les
services rendus aux pauvres, toute charge
en leur nom se faisait gratis, et le de-
nier de la veuve, comme les largesses du
riche, leur parvenaient sans avoir *indus-
triellement* fécondé de nombreux canaux
de souscription. Quelles petites vues !
quelle étroite pensée ! Est-ce donc ainsi
que nos économistes entendent la circu-
lation des richesses ? Aujourd'hui de brillans *états-majors* se forment à la tête de

____

(1) Que de progrès n'avons-nous pas fait encore dans cette
industrielle philantropie depuis qu'elle a été mise à nu sur le
théâtre par le premier de nos poëtes comiques, M. Étienne !

toutes les misères publiques, ils prennent à loyer, pour y traiter des affaires du pauvre, de splendides hôtels, ils donnent des repas et des fêtes pour mettre en crédit la charité; et quand vient ensuite l'affaire principale, celle de l'aumône, on s'aperçoit, il est vrai, et toujours trop tard, que les frais ont emporté la meilleure partie des recettes. Notre zèle toutefois et notre sollicitude n'ont point de bornes, non plus que les misères humaines; d'autres amis de l'humanité courent les prisons et les bagnes, goûtent la soupe des galériens, pèsent leurs fers et se les mettent au corps, criant bientôt merci. Ce sont, à proprement parler, les commis-voyageurs de la philantropie. Il ne leur faut pas demander, après un voyage de Brest ou de Toulon, ce qu'ils allaient faire dans cette galère. A toute vertu salaire et profit ! Tel fit à pied son premier pèlerinage, qui traverse maintenant la France dans une bonne chaise de poste, et court se délasser de ses philantropiques labeurs au sein d'une opulente retraite. Bonnes sont les entreprises d'humanité ! Bonne est surtout l'idée d'avoir pendu pour enseigne un saint Vincent-de-Paul !

Une ineffable pitié a saisi tous les esprits, une compassion sans bornes, qui embrasse toutes les souffrances et ne laisse-en arrière aucune douleur. Pas une occasion de s'affliger n'est perdue, tout se confond dans la vive ardeur de nos sentimens; lorsque nous avons bien pleuré sur la victime, ce qui nous reste de larmes nous le donnons à son assassin. Nous ne voulons plus qu'on le mette à mort, ni même qu'on le traite aux galères avec trop de sévérité. Eh, quoi ! du pain noir aux condamnés ! du bœuf et point de rôti ! des menaces, sans cesse des menaces, et toujours la canne levée ! « Ne sont-ce pas des hommes comme « nous, disent les philantropes ? Ne les « punissons point de leur ignorance ; le « crime, après tout, n'est qu'une affaire « de géographie. S'ils étaient nés dans un « de ces heureux départemens marqués à « la craie par M. Dupin, peut-être les « verriez-vous, au lieu de pourrir en un « bagne, marcher à la tête de la civilisa- « tion, et faire partie même de quelque « classe savante. » Le raisonnement me semble tout-à-fait juste, et si juste qu'on ne manquera pas de conclure, en retour- nant les termes de la proposition, qu'il ne fallait peut-être à messieurs tels et tels qui rendent aujourd'hui des oracles,

qu'un peu moins de science et d'habileté
pour compter aussi parmi les rameurs du
roi. Les lumières, je n'en doute pas, fran-
chiront les portes du bagne et pénètre-
ront au cœur de la chiourme, entraînant
dans ce grand mouvement du siècle assassins et voleurs, et tous nos frères les
forçats ; et mon avis est que sur - le-
champ on se mette à bâtir pour eux colléges et prytanées, dont, bien entendu,
M. Appert sera le fondateur et le régis-
seur. Il y aurait place ici à de légères
observations ; mais elles pourraient blesser le patron des galériens, et, tout net,
je ne me soucie point d'avoir pour ennemi leur ami.

Notre temps est un temps à part. Nous
ne sommes point de ce siècle, si, pour
louer le présent, nous ne disons beaucoup de mal du passé ; si, toujours plus

corrompus, nous ne crions toujours plus haut à la perfection ; si, à mesure que les crimes se multiplient, nous ne ressentons pour les criminels une plus vive tendresse ; si nous n'appartenons à plusieurs sociétés de morale, de bienfaisance et d'encouragement ; si, en un mot, dans tous nos discours nous ne parlons de régénération, de progrès et de perfectibilité. Voilà le vaste champ maintenant où s'exerce l'industrie politique, et une des plus sûres voies que puisse prendre l'intrigue pour arriver à ses fins.

CHAPITRE XI.

FICTIONS POLITIQUES.

La forme constitutionnelle en rapport avec nos
mœurs.

Le moyen de gouverner une nation qui,
perpétuellement en contradiction avec elle-
même, ne cesse d'invoquer le règne des
lumières et se laisse toujours séduire aux

préjugés, qui dresse des autels à la philosophie et n'obéit qu'à de vils intérêts? Par-
lez-lui d'un maître, elle frémit; lâchez-lui
la bride, elle s'emporte et court à sa ruine.
Sans résolution dans ses conseils, sans
suite dans ses desseins, également inca-
pable de se soumettre ou de commander,
on dirait que son bonheur est de se croire
libre et de ne l'être point. De là vient que
nous avons essayé de tant de pouvoirs dif-
férens, et que la France se porte encore
avec une nouvelle affection vers le système
représentatif, apparemment comme la seule
forme sociale qui puisse sympathiser avec
l'instabilité de ses principes, et répondre
au besoin qu'elle a d'une grande fiction
politique. N'est-ce pas, en effet, chose convenue de rendre déception pour déception,
de tromper selon certaines règles, s'armer
de fraude, et mentir légalement? Voilà le

principal mérite du gouvernement constitutionnel, d'un système fallacieux, qui,
pour le dire en passant, trompe jusque
dans son propre nom. Gens du pouvoir,
faites donc votre métier ! Au continuel mensonge de nos mœurs opposez un plus grand
mensonge encore ; à notre corruption, une
corruption toujours plus grande ! Imitez
dans vos discours le langage de Solon,
parlez en véritables publicistes, en sages et
prudens législateurs, et du reste, soyez
ou des Mazarin ou des Séjan. Les peuples
n'ont point le droit de se plaindre, Dieu
ne leur envoie que les gouvernemens qu'ils
peuvent porter : bons ou mauvais, ceux-
ci sont toujours l'expression fidèle de l'état
moral de la société. Aujourd'hui même que
nous vivons sous l'empire des formes con-
stitutionnelles, ne voyons-nous pas avec
quelle complaisance elles se prêtent à toutes

nos faiblesses, à toutes nos intrigues, à toutes nos vanités? Jamais gouvernement, il faut le dire, n'alla si bien à la taille d'un peuple. La France souhaitait une monarchie représentative; que lui manque-t-il présentement? N'est-elle pas tout entière figurée par soixante mille citoyens, représentés eux-mêmes par le chiffre 400, ce qui donne environ, bonne et mauvaise année, douze députés par million d'hommes; véritable représentation pyramidale, comme dirait l'abbé Sièyes. La France avait soif d'égalité! Or, tous les citoyens ne sont-ils pas maintenant admissibles aux honneurs et aux emplois? Sauf à supporter, il est vrai, certaines faveurs d'exception et le privilége du choix. Elle voulait des garanties contre le pouvoir! La charte n'a-t-elle pas octroyé la responsabilité des ministres? Clause excellente, à la difficulté près d'en venir au jugement. Toutes choses vont au mieux et pour nous et pour le pouvoir; à trompeur, trompeur et demi. C'est une lutte ouverte de déceptions et d'artifices, que dis-je? un combat de lumières, de progrès et de perfectibilité! La vérité nous éclaire, et la raison triomphe.

La chimère du siècle.

On ne devait pas espérer moins d'une
forme sociale qui repose elle-même sur
la plus grande de toutes les fictions politiques, l'équilibre des trois pouvoirs.
Qui admet un mensonge peut bien les
admettre tous; ne soyons pas si diffici-
les dans les conséquences, lorsque nous
avons accordé le principe. Cette mons-
trueuse combinaison n'existe que dans
notre esprit, et ne saurait avoir d'existence plus réelle. L'Angleterre en est un

exemple frappant. Elle passe pour avoir rencontré cette merveilleuse pondération des pouvoirs, et cependant son gouvernement n'est dans le fond qu'une oligarchie déguisée, qui se couvre d'une ombre de royauté, de même que l'on avait à Rome conservé le roi des sacrifices. Nous ne voudrions point de cet équilibre en France, ni du double poids que met dans la balance un orgueilleux patriciat ; mais inévitablement elle y penchera dans quelque autre sens, et il faudra bien tôt ou tard se résigner à voir un des bassins descendre du côté où le vaisseau de l'état jettera son ancre. J'ai le malheur de ne croire point à un gouvernement mixte, brillant assemblage d'aristocratie, de monarchie, et de démocratie, tel à peu près qu'on nous peint ce monstre de la fable, qui avait la tête d'un lion, le corps d'une

19

chèvre, et la queue d'un dragon. C'est
toujours pour moi la chimère, et rien de
plus. Encore ne faut-il pas oublier dans
cette bigarrure constitutionnelle l'institution bâtarde des électeurs, qui, n'étant
pas le peuple en corps, mais seulement
une très faible partie du peuple, forme à
l'égard de la nation un quatrième pouvoir
aristocratique. Certes, une machine politique si compliquée dans toutes ses parties, si diverse dans toutes ses opérations,
ne peut manquer de s'user promptement
et de menacer bientôt ruine par quelque
endroit. Voilà ce qu'en pensait au reste
un des plus beaux génies de l'antiquité,
et l'une des meilleures têtes sans contredit ; car, bien qu'elle nous semble neuve
maintenant, et comme de notre invention, cette forme sociale avait d'abord
frappé l'esprit des anciens, trop sages,

il est vrai, pour essayer de la mettre en pratique. « Dans toutes les nations, dit
« Tacite [1], c'est ou le peuple ou les grands,
« ou un seul qui gouverne; car une forme
« de gouvernement qui se composerait à
« la fois des trois autres n'est qu'une chi-
« mère brillante, qui, même réalisée, ne
« pourrait subsister long-temps. » Et Rousseau lui-même, pour citer une autorité
parmi les modernes, n'écrivait-il pas au
marquis de Mirabeau [2] :« Je ne vois point
« de milieu supportable entre la plus aus-
« tère démocratie et le hobbisme (despo-
« tisme) le plus parfait :- car le conflit
« des hommes et des lois, qui met dans
« l'état une guerre intestine continuelle,
« est le pire de tous les états politiques? »

(1) Annales, liv, iv.

(2) Lettre 781, de l'édition de Dupont.

Reste donc, pour applanir tant de dif-
ficultés, la ressource d'acheter et de corrompre, dernier expédient du système
représentatif. Mais ce n'est pas seulement
un crime et l'aveu tacite de votre im-
puissante chimère, c'est encore un moyen
détestable; d'autant que la corruption, par
l'abus que l'on fait du principe corrup-
teur, tend elle-même à changer la forme
du gouvernement. L'opinion de Franklin
sera bien ici de quelque poids; ce vénérable patriote, après avoir sondé au cœur
la monarchie anglaise, voyant Pitt en
danger de perdre sa majorité dans la
chambre des communes, parce qu'il n'a-
vait plus le moyen de la payer, concluait
assez plaisamment [1] : « que gouverner par
« un parlement qu'il faut corrompre, c'est

____

[1] Extrait du journal de Franklin, par M. Renouard.

« employer une machine bien coûteuse;
« que le peuple anglais découvrirait avec
« le temps, que, puisque le parlement doit
« toujours faire la volonté du ministre,
« et être payé avec l'argent du peuple
« pour la faire, il reviendrait au même,
« et à meilleur marché, d'être gouverné
« de première main par le ministre sans
« parlement. » D'où je conclus, à mon
tour, qu'il n'y a rien de plus mal solide
que ce gouvernement représentatif; qui,
dans sa fragile constitution, redoute le
moindre malaise, trouve partout un germe
de mort, et périt même du remède.

Mécomptes.

Parler d'économie aux gouvernémens constitutionnels est chose absurde, autant vaudrait leur conseiller le suicide ; c'est à prix d'or qu'ils achètent la vie. L'Angleterre, avec toutes ses richesses, avec les immenses ressources de son commerce et de son industrie, n'a pu mettre assez d'ordre dans ses dépenses pour arrêter les progrès de la misère publique et porter remède à ce *paupérisme* qui chaque jour s'accroît d'une manière effrayante. Et cependant l'Angleterre ne s'est point épuisée d'abord en de vaines prodigalités : elle avait son mobilier constitutionnel et tout son bagage parlementaire. L'aristocratie depuis long-temps occupait la première place, ce qui évita de créer les grands rôles politiques, de payer de nouveaux personnages et de nouveaux acteurs. Là on n'a point eu la peine, par une étrange fiction, d'engendrer ceux qu'il nous est ensuite prescrit d'honorer comme nos pères. Nous sommes entrés pleins d'allégresse dans l'ère constitutionnelle : nous nous imaginions y trouver repos, richesses et liberté, et le peuple, en bonne politique, n'avait plus qu'à se croiser les bras pour jouir de tous les avantages de la machine représentative. Waterloo, comme dit encore M. Cousin, devenait pour nous une véritable victoire. Ainsi, dans ma première jeunesse, je m'étais figuré des Sylvains dans

les bois, des Naïades au bord des fontaines,
et sur de vertes prairies les Nymphes formant des danses légères ; toute campagne
devait être pour moi bocage de myrtes et
tapis de fleurs. Je quitte la ville plein de ces
douces illusions, j'accours aux champs, et
je trouve des sillons péniblement tracés,
des hommes las de porter le poids du jour,
une civilisation qui partout a placé des bornes et des épines, et puis un maire, et puis
l'adjoint, et puis le garde champêtre : adieu
paisibles retraites, adieu divinités bocagères ! Or, même issue, je pense, attend aussi
tous ces beaux systèmes politiques sur lesquels reposent nos droits et nos libertés :
ce sont encore Sylvains dans les forêts et
Naïades au bord des fontaines.

De même que je ne crois point à un parfait équilibre des pouvoirs, il me semble
tout aussi impossible que l'on puisse faire

de bonnes lois en société. Je comprends la mission d'un législateur et non celle d'un corps législatif; rien de grand, rien d'utile ne se fait par compagnie. Sans Bonaparte vous n'eussiez jamais eu ce code immortel auquel il a attaché son nom. Tous les peuples ont également rendu témoignage à la vérité de ce principe : c'est Moïse chez les Hébreux; à Sparte, c'est Lycurgue, et Solon à Athènes. La France a eu son Charlemagne, et les instituts de Saint-Louis font encore l'admiration des hommes éclairés. C'est qu'il faut du génie pour apprécier les véritables besoins d'un peuple, et le génie qui n'a que sa voix dans une assemblée se trouve bientôt étouffé par les clameurs de la sottise. Un grand homme en Angleterre se serait hâté de réformer ces lois barbares que ne changent point depuis deux siècles tant d'honorables citoyens qui font métier de législateur; un grand homme n'aurait point laissé se détacher de la couronne les provinces du nouveau monde, il n'eût point cédé à de petits intérêts de caste et de parti; et, s'il est vrai que tout grand homme doive nécessairement être un tyran, ce tyran eût du moins jeté sur le hideux *paupérisme* son manteau de pourpre.

Je consentirais, malgré tout, au régime constitutionnel, si je n'avais l'intime persuasion que dans aucun cas les nations ne peuvent être représentées, et que je ne visse encore là une de ces profondes déceptions dont nous serons éternellement la dupe. Sans contester la validité du mandat donné par le peuple-électeur, qu'il faut d'abord commencer par mettre à la place du véritable peuple, peut-on dire que dans l'expression de son vote chaque citoyen n'ait obéi qu'à la voix de sa conscience? L'inirigue n'est-elle pas toute-puissante dans les colléges, ne domine-t-elle pas tous les conseils et toutes les résolutions? Combien de minorités imposantes, qui pouvaient devenir des majorités, n'ont-elles pas été réduites à composer contre leur propre sentiment? Les transactions réputées politiques, tous les pactes secrets, toutes les petites fraudes de la vanité, voilà ce qui décide à peu près des choix. Comment se fait-il, par exemple, que A, qui pouvait disposer de trente voix, ne l'ait pas emporté sur B qui n'en comptait que quinze, et sur C qui tout au plus en réunissait vingt? C'est que, par l'influence qu'il exerce sur ses amis, B, portant toutes leurs voix sur la tête de C, aura donné lui-même à ce dernier une majorité de cinq voix; majorité frauduleuse, à la vérité, puisqu'elle est le résultat d'un marché conclu au préjudice de A. Osons affirmer qu'il n'y a point de véritable *représentation* nationale comme nous l'entendons; qu'un peuple ne saurait déléguer sa puissance, et que tout prétendu mandat émané de lui n'est encore qu'une fiction.

Chacun a son goût.

Ce n'est peut-être pas sans de bonnes raisons que la ville de Birmingham a toujours éloigné d'elle l'insigne faveur de se faire représenter au parlement. Parvenue rapidement au faîte de l'opulence, il lui a suffi de jeter un coup d'œil sur les bourgs-pourris, ses voisins, pour se convaincre que l'on ne gagne point à charger les autres de ses affaires. Ses habitans vivent dans la paix et dans l'abondance, et ne veulent point, disent-ils, ouvrir leurs portes aux améliorations et aux intrigues. Libre à moi de penser comme la ville de Birmingham, et de plaindre le pays où sous le prétexte de faire mieux on fait toujours plus mal, où s'élève, en un mot, ce conflit des hommes et des lois, qui, selon l'expression de Rousseau, met dans l'état une guerre intestine continuelle. Mais à peine ose-t-on sur ce point différer d'avis, et montrer quelque opposition ; tant il faut craindre de blesser messieurs les adeptes du système représentatif, dévots politiques d'une foi peu commune. Leur tolérance, si extrême en tout le reste, ne souffre point le plus léger doute lorsqu'il s'agit de nos progrès en économique, et du rare bonheur que nous avons de pétitionner tout à notre aise, sans que toutefois ce droit tire à conséquence. Autre est l'idée que je me fais de la liberté! Je ne me suis point assis au banquet de la vie pour y trouver tous les mets de mon goût, et pour louer complaisamment ce qui me paraît détestable. Celui qui fait d'en haut les honneurs de ce grand festin n'a, ce me semble, consulté personne pour m'y appeler à mon rang, et je ne sache pas non plus qu'il m'ait dit à quel signe parmi les convives je reconnaîtrais un maître. Partant, je tiens que nul au monde n'a le droit d'imposer sa pensée, d'étendre la main sur la table et de choisir pour moi. Vous voulez des saveurs fades, des mets insipides, et moi je les veux d'un goût relevé; vous voulez une apparente liberté, et moi je la veux franche et sincère. J'aime par-dessus tout la justice, mais une justice forte qui réprime et châtie. Je veux que sa main de fer, où vous avez mis des gants, puisse au besoin nous présenter la tête d'un ministre prévaricateur, d'un traître ou d'un transfuge.

Est-ce à dire qu'il y ait faute de coupa-
bles, si nous ne voyons d'éclatantes puni-
tions ? S'avisa-t-on jamais au contraire de
pousser si loin l'art des trahisons et l'impudence du crime ? Nous eûmes, au temps
de la vieille monarchie, un ambassadeur
qui déshonorait le caractère dont il était
revêtu, qui pour quelque honteuse spécu-
lation abusait des secrets de l'état : on le
sut à Versailles, et d'abord il perdit son
rang et son emploi. Pensez-vous que par le
temps qui court cette infidélité fût même
remarquée ? Nos ministres constitutionnels,
en refaisant notre éducation, nous ont habitués à moins de scrupule ; on sait comment ils jouaient à la bourse les nouvelles
en main. Mais vous vous complaisez dans
vos fictions politiques, vous les caressez de
toute la faconde de vos discours parlemen-
taires, et, pour n'admirer plus que des

mensonges de convention, vous fermez obstinément les yeux sur des dangers réels.
Ainsi, à la cour de Louis XVI, on ne vit la
couronne en péril que du jour où le ministre Roland se présenta devant le roi avec
des cordons à ses souliers; comme, trente
ans après, le vingt mars enfin, le duc Des-
cars jugeait du désastre de la monarchie
par la difficulté de donner, en Belgique,
des petits pois au roi de France le vendredi - saint: Vous riez de cette étiquette!
Mais ce sont aussi des fictions, les fictions
de ce que vous appelez le pouvoir absolu,
et certes elles valent bien les mensonges du
système représentatif. Je conçois que l'on
puisse avec le temps subir les entraves
des préjugés et tomber dans des formules
d'imposture; mais que volontairement, à
jour et à heure fixe, nous nous accordions
à devenir la dupe de nos propres artifices,

à révérer certaines fables que la veille encore nous tenions pour fables, c'est ce qui
passe la mesure de toutes les folies humaines. Le remède, dit-on, est à côté du mal ;
la publicité triomphe de toutes les fraudes
et de toutes les erreurs, des voix généreuses
peuvent à chaque instant s'élever contre les
abus. Je pense, en effet, que nous ne man-
querons point d'habiles gens, de zélés dé-
fenseurs qui parleront haut et ferme, et
assez haut pour qu'on les achète plus cher !
Puis le silence se fait, et le peuple demeure
toujours quelque peu plus pauvre et plus
malheureux.

Le beau côté du despotisme.

On sait aussi parfois calculer sous les princes absolus, et calculer même dans l'intérêt du peuple. Un despote n'est pas toujours un ogre, un homme essentiellement dur et superbe; nous voyons de ces prétendus tyrans qui savent régler leur dépense, et faire bon marché du clinquant et de l'oripeau de la grandeur. Ils iront, dans leur débonnaire oisiveté, jusqu'à donner deux audiences par semaine, ce que ne fait pas en France le plus mince

préfet; et là, séance tenante, ils seront
capables de redresser les torts et les mal-
.versations d'un ministre. Point d'opposition systématique, il est vrai, mais de la
sagesse dans le peuple, des mœurs fortes
et de l'esprit public, ce qui vaut bien
une opposition artificielle et souvent artificieuse. En Danemarck la volonté du
souverain est la suprême loi; il a droit
de vie et de mort sur ses sujets, et cependant la nation se croit heureuse et
satisfaite. Par toute l'Allemagne mêmes
principes et même bonheur. On se ferait
difficilement une idée des grâces familiè-
res et de la bonté paternelle dont a su
se parer, chez les Autrichiens, la majesté
du trône. Là le prince vit sans faste et
sans éclat, et pour ainsi dire en famille
avec son peuple. Il fait droit à toutes
les plaintes, prête l'oreille aux petits

comme aux grands, et trouve le moyen, sur ses économies, de doter les plus pauvres filles des provinces. Ses présens et ses largesses ont d'autant plus de prix qu'il n'en coûte rien à l'état. Non-seulement l'empereur vit du revenu de ses domaines, mais il se charge encore de pourvoir à même ses propres biens tous les membres de la famille impériale. Sa garde lui coûte peu, elle se compose de trois ou quatre cents officiers invalides, dont le palais des Césars devient l'honorable retraite. Le prince ne va guère à la promenade qu'il ne conduise lui-même sa calèche, comme le ferait un bon baron, prenant du reste sa place à la file des autres voitures, et donnant familièrement le bonjour à qui le veut saluer. Bref, si ce n'était un despote, ce serait un ange.

Quoique les traditions d'un pouvoir si

modéré et l'éducation même que reçoit
le présomptif héritier de la couronne
soient une garantie réelle, il faut cependant convenir que le bonheur dont on
jouit dans les états despotiques est toujours en viager sur la tête d'un seul
homme. A un monarque doux et humain
succèdera quelque mauvais prince, et voilà
l'empire changeant de face comme il a
changé de maître. De là toutes les com-
binaisons représentatives pour imprimer
à la puissance un caractère fixe et immuable, au-dessus des volontés arbitraires
du monarque. On conçoit en effet que,
las de tant de vicissitudes et de varia-
tions funestes, les peuples aient à la fin
cherché dans de nouvelles formes sociales
la stabilité de l'ordre et la durée du bien,
et sous ce rapport, je l'avoue, la fiction
constitutionnelle a quelque chose de sé-

duisant. Mais ces entraves mêmes, toujours inutiles pour les bons princes, de
quelle ressource seront - elles contre de
perfides desseins et contre l'audace de
celui qui sérieusement aspirerait à la tyrannie? Ne saura-t-il pas, en temps convenable et dès qu'il le voudra, se débarras-
ser de ces liens mal serrés que respecte
la faiblesse ou la vertu, mais dont se joue
toujours l'ongle du lion? Que firent nos
parlemens contre le fouet de Louis XIV,
et les communes d'Angleterre contre l'hypocrite Cromwel, qui sur leur porte mit
Chambre à louer? Et notre liberté, et
notre égalité, qui avaient ensanglanté la
France et l'Europe, les voyez-vous, au
premier coup de tambour, sauter par les
croisées de Saint-Cloud, et tant de fiers
ennemis du despotisme mettre eux-mêmes
le couteau au cœur de cette pauvre répu-

blique? C'est que la véritable opposition réside dans les mœurs publiques, dans une conscience nationale, et dans cette austère vertu qui sait s'indigner. Malheur au peuple qui se cache pour maudire ses tyrans!

CHAPITRE XII.

DE LA POLICE.

———◆———

Le gouvernement-police.

La police a mis aussi les lumières à
profit, la police se perfectionne et marche avec le siècle ; chargée de recueillir
tous les phénomènes de l'ordre social, elle

forme actuellement une des branches les
plus importantes de la science politique.
Loin de nous l'idée, toutefois, de nous enor-
gueillir de pareils progrès, et de mettre la
gloire d'un peuple dans ces précautions
extrémes dont il est particulièrement devenu l'objet. Le remède dans toute espèce de maladie doit être proportionné
à la gravité du mal; et rien n'indique
mieux non plus la situation désespérée
d'un peuple que la violence même des
efforts que l'on emploie à le sauver. Pour
moi, s'il faut dire toute ma pensée, je
vois dans l'institution de la police, dans
ce pacte odieux que fait l'état avec le
crime et l'infamie, le dernier asile de la
puissance, et comme la dernière forme
sociale des temps de corruption. C'était
enfin là que devaient aboutir toutes nos
misères et tous nos déportemens, et cette

infatuation des plus vils intérêts qui ont rompu le véritable lien de la société pour mettre en sa place l'épouvantable égoïsme. Lorsqu'il n'y a plus de mœurs publiques, il faut bien que les gouvernemens tiennent note des mœurs privées pour gouverner chaque famille par ses intérêts particuliers, et chaque citoyen par ses propres passions. La police n'a point d'autres vues, d'autre objet : elle achète ceux qui se veulent vendre; elle traite avec l'orgueil, elle traite avec l'avarice, elle se fait un fonds de toutes les immoralités. Pénétrant la société dans tous les sens, cette formidable police atteint le proscrit dans sa retraite, et dresse un piége à celui qui croit marcher en sûreté; sous les traits d'un serviteur, d'un ami, d'une épouse, elle se glisse jusqu'au foyer domestique. Le pouvoir, ainsi éclairé

et l'œil toujours ouvert, n'a plus à re-
douter une commune résolution ; partout
il est sûr de vaincre, partout il obtiendra
de faciles triomphes. Mais à quel prix,
grand Dieu ! et par quel secours ! Ce ne
sont ni le patriotisme ni la vertu qui
sauvent l'état, c'est l'infamie.

Ceux qui naguère accusaient de tyrannie la police impériale se sont à leur tour
emparés de cette institution, et elle est
devenue d'autant plus puissante entre leurs
mains, qu'ils l'ont combinée avec des
confréries et des congrégations qui jusque-là se trouvaient en dehors de sa
sphère d'activité. Non - seulement on a
ajouté de nouvelles mailles au réseau,
mais on a pourvu avec la plus étrange
sollicitude au maintien et à la conserva-
tion de l'ancienne police. Des dettes de
sang contractées au nom de Bonaparte

ont été fidèlement acquittées depuis la restauration ; le crime a pu hautement solliciter sa récompense ; et tel qui venait de livrer à des assassins la tête d'un chef vendéen, en a reçu l'abominable salaire d'un ministre de Louis XVIII. Rien n'atteste mieux l'utilité bien reconnue de la police que l'obligation où l'on se croit de faire honneur à de pareilles créances. Il faut le dire, cette mystérieuse puissance dont nous ne saisissons au premier coup d'œil que les ressorts les plus grossiers, armée de toutes les séductions, se plaît surtout à enrôler dans son invisible milice des hommes qu'un état ou un rang distingué semblent d'abord placer au-dessus du soupçon ; et ce n'est pas, selon toute apparence, pour ménager des réputations bourgeoises que l'on a créé ce trésor secret dont le ministre

ne doit rendre compte qu'au souverain.
Toute la force de l'état réside maintenant
dans la police; elle est l'âme et la vie du
pouvoir, elle est le gouvernement tout
entier.

Puissance de la police.

Livrée à de continuelles alarmes, la police est naturellement artificieuse et cruelle. Ses séductions ne tendent pas toujours à rompre une coupable entreprise; quelquefois elle en inspirera le premier dessein pour se donner l'occasion de faire un exemple et de déployer ses sévérités. Elle ourdit des complots, elle sème des espérances, elle creuse autour d'un homme pour le faire tomber. La police échappe aux règles ordinaires

du pouvoir, c'est un coup-d'état perma-
nent; il n'y a force humaine qui puisse
résister à ses sourdes machinations, et
se ténir debout quand elle a frappé. L'ir-
réparable défaite de Bonaparte, les mécomptes de sa politique, l'aveuglement
qui régnait dans ses derniers conseils,
son brusque départ, la fatalité même qui
le retint au rivage, et l'infamie du Bel-
lérophon, tout cela s'explique par la police.
Fouché l'avait ainsi promis, il tint parole.
Bonaparte pouvait encore donner des ordres, et il n'en donna point; un seul
mot pouvait le délivrer de son ministre,
et ce mot il ne le prononça point; c'est
qu'il était cerné au cœur par la police.
Elle seule a réglé nos destins, lié Bonaparte comme un enfant, mis en défaut
les plus habiles, et jeté sur l'abîme une
planche mystérieuse. Elle se tient au seuil

des empires, comme pour les défendre de leurs perversités par l'excès même de la perversité. La police, dans l'idée la plus générale qu'on en puisse donner, est la corruption organisée.

On a dit, je le sais, que le grand art de la police était d'épouvanter les hommes, que sa principale force consistait à entretenir dans les peuples un salutaire effroi. Mais si quelque chose m'étonne, c'est que l'on n'ait pas, au contraire, ressenti plus de frayeur à la vue d'un pouvoir si exorbitant, qui décide du sort et de la vie des citoyens, qui enregistre leurs façons de penser et leurs moindres actions, qui les soumet à des enquêtes secrètes, établit une justice hors de la commune justice, prête au crime son égide, et sait au besoin, par de doubles attentats, arriver au but qu'il s'est tracé. Que de

meurtres politiques ignorés ! que d'assas-
sinats dont les véritables auteurs demeu-
reront éternellement dans l'ombre ! Quelques-uns, il est vrai, ont été sacrifiés,
mais les autres, et c'est le plus grand
nombre, sont mis en réserve pour d'autres temps. Mon intention n'est point
ici, je le déclare, de désigner un règne ni
une époque particulière; mais je parle de
la police en général et de trente années
de lâchetés et de trahisons. La police, depuis lors, n'a point cessé d'être active,
menaçante et terrible ; elle a dressé des
embûches dans tous les sens et pour toutes les politiques; elle a l'un après l'autre
traqué tous les partis ; il n'y a pas homme
vivant aujourd'hui qui ne soit tombé dans
ses toiles. Les Perses, lorsqu'ils s'empa-
raient de quelque pays, commençaient
d'abord à étendre leur ligne sur la fron-

tière; et, se tenant les uns les autres par la main, ils enveloppaient ensuite tous les habitans comme dans un filet : c'était la police des barbares.

Espionnage.

En quelque temps que ce fût, même à
lá restauration, je ne me soucierais point
d'avoir été le confident d'un ministre de
la police, ni que mon nom, comme celui de *Linor*, figurât pour un million sur
les comptes de Fouché. A la vérité, je
n'en serais pas moins aujourd'hui bon
royaliste et bon dévot, homme de cour
peut-être et secrétaire-d'état; mais n'importe, ma conscience craindrait toujours
de s'être trompée, je me dirais que pa-

reille somme n'est jamais sortie des mains de la police pour payer une bonne action. *Linor*, en effet, n'eût-il rendu d'autre service à Fouché que de préparer son retour au ministère, je le tiendrais encore pour infidèle au prince et traître à la patrie. Combien de gens, en ce siècle, nous accablent de leur grandeur, dont la fortune n'a point une source plus pure !

Ce n'est pas que la police, féconde en ses ressources, prenne toujours le masque d'un esprit souple et délié ; elle s'accommode aussi quelquefois des hommes les plus simples, et elle en tire bon parti. Leur incapacité même devient un mérite ; on la met en réputation dans le monde, on en fait de la bonhomie, c'est un piége de plus. La police dirait volontiers comme le jésuite Aquaviva : « Employons ces gens-là de peur que les

« nôtres ne paraissent se mêler de tout. »
Du reste, leur charge n'est point difficile
à remplir ; on en fait de véritables oreilles, on les place en ligne comme des té-
légraphes ; et l'on apprend par eux des
choses qu'ils ne savent point eux-mêmes.
Voilà de quelle façon peuvent servir la
naissance de quelques grands personnages,
et la beauté de certaines femmes.

Tout le monde connaît *Olinde*, et tout
le monde sait qu'elle n'a point de fortune :
cependant *Olinde* habite un magnifique
hôtel, où elle reçoit la meilleure compagnie,
où elle donne des repas et des fêtes splendides. Or, elle vous apprendra comment
on peut tenir bonne maison sans avoir
ni fermiers, ni rentes, ni vaisseaux sur
mer. Toute l'industrie d'*Olinde* consiste
à ménager chez elle des rencontres *for-
tuites* entre des hommes qui ne se verraient

point ailleurs et qui doivent parler ensemble, afin que ceux-ci découvrent ce que ceux-là ont dans l'âme. Il y a aussi certains discours que doit tenir *Olinde* devant certaines personnes, et sa charge est de recueillir ensuite ce que répéteront les échos de son salon. Ici la moindre conversation, un mot, un geste, un regard, ne sauraient être perdus; heureux encore si l'on n'ajoute à vos discours! Autrefois *Olinde* et sa mère donnaient des thés politiques, et c'était Fouché qui payait les gâteaux; *Olinde*, actuellement qu'elle n'est plus jeune, tient bureau d'esprit; et nous savons ce que coûtent à l'état les ingénuités et les graces *sentimentales* de sa conversation.

Chaque fois qu'il survient dans le peuple quelque légère apparence d'émotion, je connais un homme, et non des plus obscurs,

qui, sous l'ombre d'un feint mécontente-
ment, va par les maisons se frottant les
mains et jetant des espérances de désordre.
Tout, à le voir, indique un artisan de trouble et de scandale; ses armes sont prêtes,
sa colère ne se contient plus, il faut aller
sur-le-champ grossir avec lui le nombre des
factieux. Et ce misérable, si vous ne le
chassiez de votre maison, courrait aussitôt
avertir que vous approuvez ses funestes desseins. Donnez donc des croix pour de pareils services ! Un autre, en s'éloignant,
vous glissera furtivement un papier dans
la main, et ce sera quelque infâme libelle
dont il faut d'abord faire justice, si vous
n'aimez mieux attendre qu'on le vienne saisir dans votre poche. Celui-ci, dans son
apparente détresse, vous demande protection auprès d'un haut et puissant personnage que vous n'avez vu de votre vie, que

vous ne verrez jamais. On l'a pourtant assuré que vous étiez en crédit dans la maison, qu'il ne fallait qu'un seul mot de votre
part, on le tient de bonne source, d'un se-
crétaire ou d'un aide-de-camp. Plus vous
vous en défendez, plus on insiste; le tout
pour savoir si vous n'avez pas quelque intelligence avec ce grand personnage.

Plus innocentes sont les ruses de *Damon*.
Pour celui-là je puis lui ouvrir ma porte,
et ne craindre point ses dévots examens;
d'autant qu'on ne saurait, quelle qu'en soit
l'issue, m'enlever ni place ni pensions.
Damon a de singulières allures, qu'on ne
s'explique point d'abord, et qui pourraient
souvent passer pour manque d'usage et de
politesse. Il ne rend pas comme un autre
ses visites : c'est pendant le repas qu'il entre
sans façon dans la salle où vous mangez; et
certain jour encore de la semaine il viendra

de grand matin frapper à votre porte. Quelqu'un, il est vrai, a remarqué que *Damon* ne tombe si juste au milieu de votre dîner que le vendredi ou le samedi, et qu'il ne devançait l'heure de midi que le dimanche seulement. Par là il met son monde à l'épreuve, et peut désigner au besoin ceux qui ne pratiquent point les abstinences de Rome et ceux qui manquent à l'office divin. Une autre fois *Damon*, feignant d'avoir oublié son livre, demandera des Heures aux gens de son ami; moyen efficace pour s'assurer des progrès que fait la piété dans une maison. Ce n'est point de la police, ce n'est point de l'espionnage, c'est veiller au salut des âmes; et pour ces œuvres pies, Montrouge assigne à *Damon* deux mille écus par an sur la ferme des jeux.

Horribles trahisons.

Il y a des hommes vils et méprisables ;
sans talens, sans esprit, que l'on s'accorde
à louer, et dont on fait obstinément la fortune et la réputation. Ce n'est point un
hasard, on sait d'avance quels services ils
rendront. Ceux-là peuvent impunément se
déshonorer; on ferme les yeux; ils peuvent
se glorifier de leurs lâchetés, on applaudit :
ils vont jusqu'au crime, on les soutient encore. Quiconque sait observer avec soin,
reconnaîtra d'abord qu'il existe une manière

de réussir qui n'est point à l'usage des gens de bien ; qu'un pacte odieux lie ensemble les méchans, et que ce pacte, fait à l'exclusion de l'honneur et de la probité, met entre leurs mains tous les avantages de l'ordre social. Je n'en veux donner qu'un exemple. *Ariste* a publiquement trahi sa cause, *Ariste* s'est enrichi de son opprobre, il est vain, ignorant, imbécile ; et personne cependant n'ose convenir qu'*Ariste* soit indigne de ses emplois et de la haute faveur dont il jouit. Quelque chose de mystérieux dans sa fortune le rend encore plus redoutable : on y croit voir le doigt de la police.

Ormir est fameux dans les exploits de la terreur. Il a mis à mort de ses propres mains, il a présidé un tribunal de sang, il a pillé l'état et rançonné le malheur ; d'où vient donc qu'il n'a pas cessé d'être en crédit, et qu'on lui paie depuis la restauration de nouvelles pensions? C'est qu'il en est d'*Ormir* comme de certains émigrés qui, sous l'empire, avaient trouvé le moyen de s'avancer dans les bonnes graces de Fouché: *Ormir* aussi a trompé les siens et révélé leurs secrets.

Thraséas possède un secret important qui n'est su que de sa femme et d'*Eutyme*, le plus ancien de ses amis; et cependant voilà que, dans le moment où il s'y attend le moins, on le mande chez le ministre, on l'interroge, on le presse d'une foule de questions qui lui font voir que son secret est découvert. Qui de sa femme ou de son ami *Thraséas* accusera-t-il? qui des deux a trompé sa confiance? L'un et l'autre lui sont chers; l'un et l'autre crient également à la trahison. Quelle perplexité! quelle horrible incertitude! Mais le doute cesse enfin, lorsqu'on apprend qu'*Eutyme* vient d'obtenir une place et deux décorations. *Thraséas* seul en connaît le motif.

Quel est ce fantôme qui sort de la dune comme un faible nuage et se promène la nuit au bord de la grève humide ? Ne semble-t-il pas fixer au loin ses regards sur la vaste mer, et chercher encore quelque navire à l'horizon ? Ombre légère, il ne te faut maintenant ni rames ni voiles ! Monte sur ces rapides nuées et va rejoindre le sombre cortége des formidables aïeux d'Ossian !..... Alors, et comme repoussé par la vague écumeuse, le spectre sanglant se détourne et vient lentement se placer à mes côtés....... Sont-ce bien tes nobles traits, preux et magnanime guerrier ? Ton ame affligée n'a-t-elle pu goûter encore le repos de la tombe ? Ton corps meurtri, déchiré en lambêaux, serait-il demeuré sans sépulture? Dis, ombre chère, qu'attends-tu de notre vieille amitié?.... Mais quoi! mon esprit est plein encore du souvenir de ta déplorable histoire; non, ce ne fut point la tempête furieuse qui causa ton trépas. Dans cette nuit funeste, hélas! la dernière de ta vie, ne cherchais-tu pas ici l'esquif dont un perfide émissaire de la police avait insidieusement flatté ton espérance? Proscrit et fugitif, on te promit sur cette plage déserte un guide fidèle, et ton cœur y trouva le fer d'un assassin..... Fantôme plus léger que les vents, est-ce ta faible voix qui se fait entendre au milieu des sifflemens de la brise? ou bien quelque génie vengeur vient-il sous ces traits connus accuser ton infâme meurtrier? — De ton sang, dis-tu, la trace est effacée; ta froide poussière n'attend

plus rien des hommes.... Mais ton assassin !...... — Ah ! je t'entends, ombre malheureuse, voilà ce qui trouble aujourd'hui
tes mânes irrités...... Oui, ce lâche artisan
des sourdes pratiques jouit encore de l'é-
clat du pouvoir ! Il a des titres, du crédit,
un rang illustre ; chaque jour on le pare
de nouvelles dignités; et sa triste victime
gémit dans l'oubli, sans gloire et sans
vengeance !

FIN.

9 782019 712914